JN085256

ソーシャルワーク
研究のための
ポケットガイド

文化横断調査

Cross-Cultural Research

ジョルジ・デルヴァ, ポーラ・アレン・ミアーズ,
サンドラ・L. モンパー 著

森木美恵・米田亮太 訳

新曜社

謝　辞

　このプロジェクトは国立衛生研究所（R01: DA021181: DA022720），スキルマン財団，ビビアン・A. &ジェームス・L. ソーシャルワークスクールのカーティスリサーチ・トレーニングセンターより助成を受けた。筆者らは，スキルマン財団のビジョンとリーダシップ，ガント教授，シャンクス教授，ホリングスワース教授，そしてプロジェクトダイレクターのパトリシア・ミラーからの論評と第6章への貴重な知的貢献に対してとりわけ感謝したい。筆者らはまた，サンティアゴ縦断調査（SLS）ワーキンググループのメンバーたちにも，本書で提示されたトピックへの洞察力あふれる議論に感謝する。さらに，私たちは，ミシガン大学博士課程の学生であるニニーヴェ・サンチェスとアン・ノールベルグにも編集や書式設定における多大なる助けに対して謝意を表する。ユージン・ビッグボーイとイザベル・カッペラーについては保留地での調査方法に関するアドバイス，オーロラ・ジャクソン博士には文化横断調査への彼女の献身と指導について感謝したい。

　最後に，快く「調査者たち」へのドアを開いてくれた同僚および多くの方々や家族たちの援助なしにはこの仕事を行うことは可能ではなかった。しかし，本書の内容については，最終的な責任は筆者らのみにあり，また，資金源，協力者，あるいは調査参加者の公式見解を必ずしも表すものではない。全ての誤りや物議を醸す発言については，筆者らのみが責を負うべきものである。

目　次

装幀──はんぺんデザイン　吉名　昌

第1章

はじめに

　本書の目的は，アメリカ合衆国やその他グローバルな文脈において，多様で異なった文化背景のなかで文化に十分配慮しながら個人，家族，コミュニティを対象に調査をするための枠組みを調査者に提供することである。文化横断調査は流動的でダイナミックなプロセスであると我々は考えている。それゆえ，ここで示す枠組みは行動，態度，価値観，信念などを類型化することではなく，調査がその真価を発揮できるプロセスに焦点を当てている。このプロセスは，アメリカ合衆国や他の国々において異なる集団を対象に我々が実際に行った調査経験に基づいたものである。ここでは意図的に，読者が異なる文化を理解するために使用できる特定の集団における行動，信念，価値観，態度についての一覧表（類型）の提供はしていない。言いかえれば，特定の文化集団がある特性に当てはまるかどうかを示す，縦列（異なる集団のリスト）・横列（特性のリスト）とチェック欄で構成される表は含まない。それよりも，この本では調査（そしてこの点においてはどのような種類の調査でも）に取り組む調査者が調査の成功率を上げるために使用可能なプロセスを提案している。我々は，所定の調査手順を示すよりも，プロセスについての詳細な議論のほうがはるかに重要であると考えている。なぜなら，そのほうが読者自身の特有

1

の状況にここで示されている情報を適用させやすいからである。

◆───ソーシャルワークや他の学問分野における文化横断調査

　文化横断調査の定義はかなり多岐にわたっているが，一般的には人類学や心理学の分野から借用されている。本書では文化横断調査を，文化条件によって変数が変更された状況下における（調査者が変数間の関係に興味を持っている）文化集団についての自然実験であると定義する（Brislin, 1983; Guthrie & Lonner, 1986; Triandis et al., 1980）。

　歴史的には，文化横断調査はしばしば主要な文化を参照して文化間での結果を比較してきた。社会科学の調査として理想的には，その文化に特有の概念を用いて内側から研究する「エミック」アプローチと，より普遍的な概念を強調して文化を比較しながら外側から研究する「エティック」アプローチの両方を統合するような文化横断調査が望ましい（Canino, Lewis-Fernandez, & Bravo, 1997）。現在よく知られている「エミック」および「エティック」の概念は，言語学者ケニス・パイク（Kenneth Pike, 1967）によって最初に造語された。つまり，文化横断調査で言語が果たす中心的な役割が強調されていることは興味深い。文化横断調査を行う際の言語が持つ重要性については後の章で示すが，これらの概念をめぐる歴史や議論についてより詳しく知りたい読者にはパイクの原著（1967）やヘッドランドら（Headland, Pike, & Harris, 1990）による同トピックについての文献をお勧めする。

　文化横断調査では，調査対象の人種，民族，文化的特徴，経験，規範，価値観，行動パターン，信念に対して文化的に注意を払うことが重要である（Fukuyama, 1990; Pinderhughes, 1989; Resnicow, Braithwaite, Ahluwalia, & Baranowski, 1999）。また，調査対象者の文化背景や現実を構成している歴史，環境，社会勢力などに関する知

識を研究活動に取り込むことも大切である。

　文化的配慮とは，研究対象とする集団の民族・文化的特徴を考慮しながら調査を進めるようにデザインされた，実証的かつ方法論的な進行中で終わりのないつけ足しと適応の繰り返しなのである（Pena & Koss-Chioino, 1992; Rogler, 1999）。たとえば，調査者は，リサーチクエスチョン（調査の問い）が概念化される前の最初から調査参加者を巻き込んでいくことが理想である。そうすることで調査者が自身の価値観や信念に気が付き，それらがリサーチクエスチョンや調査方法，解釈の選択にどれほど影響を与え得るかという点をより深く認識する助けになるからである（Matsumoto, 1994; Mohatt et al., 2004; Montero, 1994; Orlandi, Weston, & Epstein, 1992）。調査の早い段階からコミュニティのリーダーと協働すること，コミュニティのメンバーを雇用すること，コミュニティの行事に参加すること，コミュニティの文化を尊重すること，そして（コミュニティのメンバーが好む方法で）コミュニティにお返しをすること，これら全ては文化的配慮の重要な構成要素である。調査参加者との関係が「彼らの立ち位置」に基づくため，調査における文化的配慮は，調査者がより有効なデータを収集する助けになる。このことを理解することで調査者が社会問題を正確に評価できる可能性が増し，結果的に，個人や家族，コミュニティが効果的な解決策を遂行する支援になると考えられる。

　我々は，調査に携わる調査者が，実際には他のアイデンティティや少なくとも様々なアイデンティティの組み合わせの反映であるかもしれないにもかかわらず，特定の行動，信念，価値観，態度などに対して，ある文化の特徴であるというレッテルを貼ってしまう傾向について懸念している。それらのアイデンティティとは，収入，資産，教育，職業的地位，人種・民族，性別，ジェンダー，性的アイデンティティ，在留資格・移民世代，宗教，などいろいろであろう。さらに，

文化的配慮をしようとするなかで，過度の一般化をし，文化に起因すると誤って説明するだけでなく，静的で本質主義的な特徴を帯びるラベルを貼ってしまっているかもしれない点も懸念している。たとえば，「宗教的またはスピリチュアル」「宿命論的または未来志向的」「個人または集団志向的」，もしくは「家族中心的」などとある集団について言及することは，単純で固定化された非歴史的・非政治的な本質主義的な集団モデルに帰結する。このように集団をラベリングする慣習は，政治的含意があると我々は実感している。優位にある集団（たとえば，植民地権力や多数派グループ）の観点からすると，これらの過度な一般化（たとえば，我々のグループは「組織」，「内省」，「勤勉さ」を尊ぶ）は彼らの優越性を再確認するために貢献する。一方，不平等な扱いや抑圧を経験している集団にとっては，これらの過度な一般化の多くは彼らの価値を下げ，従属的立場をさらに強化することに寄与する。しかし，文化的属性を持つラベルの使用は，優位な立場にある文化の間にのみ見られる現象ではない。抑圧されている，またはそう感じている集団もまた優位な「文化」をからかったり，その価値を下げたり，それから同時に自虐的に文化的ラベルを使用することがある。我々は調査対象者を過度に一般化することは避けるようにする。集団に対する一般化した意見を述べることも時折あるが，その場合はそれらの見解を支持する多くの証拠も提示する。

　文化的ラベルに関する問題の一例として，善意で書かれた通文化に関するテキストに見られる，ヒスパニックの人々にしばしば付けられている「宿命論的」というラベルを挙げる。これらのテキストにおいては，アングロサクソンが人生の障害を克服しようとする楽観主義であるとされていることに対して，ヒスパニックは人生について「宿命論的な」志向を持つものとしてラベリングされていることがめずらしくない。このような見解は，「宿命的」という概念を評価する尺度に

おいて，ヒスパニックとアングロサクソンがそれぞれどのように回答したかを比較した調査に基づいている。このような研究結果は通常，これらの質問項目においてヒスパニックの値のほうが高いことを示し，彼らは人生に対してより宿命論的な認識を持っているというラベルを貼るように仕向ける。我々としても，集団によって世界観についての質問項目の特定の組み合わせが支持されるかもしれないことを認めない訳ではないが，ここで問題としているのは，そのことから生じるラベリングなのである。ラテンアメリカからの移民（合法であれ非合法であれ）がアメリカ合衆国で（どの世界におけるどの移民にもあてはまるが）身を立てる際に経験する事柄を考慮すると，ヒスパニックを「宿命論的」であり，「目的や未来志向的」ではない存在としてとらえることは難しいだろう。それどころか，他国に移住するという，しばしば命をも脅かすような困難に耐えるには，自分や子どもたちのより良い将来を夢見る非常に楽観的な人間を必要とする。それゆえ，ヒスパニックを「宿命論的」とラベリングすることは正しくないというだけでなく，それはまた，ヒスパニックや世界中の人々の様々な経験の分布を理解することに全く貢献しないのである。同様に，ヒスパニックにおける男性－女性関係のダブルスタンダードを「マリア崇拝」や「マチズモ」のようなラベルでもって説明する研究は，(a) ジェンダーに関する行動についての議論を，そういった行動における分布（範囲）を無視した誤った二分法にとどまらせ，(b) 他のアイデンティティ（たとえば，移民世代，出身国）の分布との相互作用としてのジェンダー行動の表出を無視し，(c) それらのダブルスタンダードがヒスパニックの間にのみ存在すると思わせてしまう，という傾向がある。異なる文化的バックグラウンドによって人々を区別するために一般に使われている他のラベルに関しても同様の議論をすることができる。ここに我々の要点をより良く説明するための仮説的な図があ

る。これは，文化的要因と相互作用も含む他のアイデンティティ要因（たとえば，在留資格，年齢，ジェンダー，性的またはジェンダーアイデンティティ，宗教，人種・民族的バックグラウンド，教育，職業的地位）によって個人や家族，コミュニティが有しているかもしれない行動，態度，価値観，信念の分布を図で説明したものである（図1.1 を参照）。宿命論的なスコアが図の濃い灰色の箇所（A と表示された部分）に表されていると仮定すれば，こういったスコアの分布（平均値，中央値，標準偏差，範囲など）はグラフをどこから見るかによって異なるということが分かる。

　たとえ宿命論的ラベルが正当なものであったとしても，この概念に対する我々の理解はそれを調査するときの観点により変化する。一般化され過ぎた意見は，集団に対する単純で，静的で，型にはまった，そして無益な見方になってしまう。そのうえ，「宿命論的」尺度の平均値を単純に比較してヒスパニックやアングロサクソン，または他の

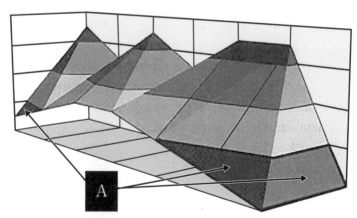

図 1.1　文化的要因と他のアイデンティティ要因（それらの相互作用も含む）による行動，態度，価値観，信念の仮説的分布

6

集団の人々に関する一般的な見方を見出すことよりも、「宿命論的」尺度において違う見解を持つ人々が他の結果においてどのように異なるか（たとえば、この尺度における違いの度合いとメンタルヘルスケア提供者との関わりの度合いがどのように関連しているか）という点を調査するほうがはるかに役立つと言える。つまり、これらの変数がどのように関連しているのか、そしてその関連性が個人の他のアイデンティティ（在留資格、国籍、文化的適応度、性的・ジェンダーアイデンティティ、教育、職業、資産、個人や家族の収入、人種や民族など）によってどのように違うのかまたは違わないのか、ということを深く調査することによって、「集団に対する過度な一般化では達成できない」、メンタルヘルス医療をより適切に提供することができるような豊富で正確かつ的確な情報を生み出す結果になるだろう。この観点から言えば、ある尺度に関してある集団の得点が他の集団と比べてどのように位置するかについての理解は有益なものである。しかし、メンタルヘルス医療を望む人々の間の宿命論的な考え方と治療残留率の増加がどのように関係しているかを理解し、そしてそのような関連性の規模や傾向が、他のアイデンティティ（たとえば、在留資格）に応じて生じる差異を含めて、ヒスパニックやアングロサクソンであることに応じてどのように異なり得るかという点を調査するほうがさらに重要である。

　まとめると、我々は——もっと注意深く研究したならば、ジェンダー、社会・経済的地位、在留資格、人種・民族的バックグラウンドが共に影響した結果かもしれない行動、信念、価値観、態度について——文化を不用意に理由にしてしまう一般的慣習を懸念している。同様に、他のアイデンティティ（ジェンダー、在留資格、セクシュアリティなど）を調査することを主な焦点とする研究者には、通文化的視野を調査に取り込み、個人が経験する多元的アイデンティティを考慮

するように求めたい。このような個人または個人から成る集団に生じている複雑さを認識することは，ソーシャルワーク研究者や実務者が人々の行動の理由を理解しようと試みたり，人々の行動に影響を与える方法を見つけたり，集団間の差異を理解したりすることに絶望して諦めたほうがよいと示唆するものではない。我々は，大雑把な型にはまった見解に反対しているのである。調査者が（図 1.1 が示すように）多元的かつ複雑に交わる谷と峰の多様な分布として行動を説明するように促しているのだ。

◆───この本の目的と構成

　本書では，次の 3 つの目的に該当する研究を行う際，調査者が使用するであろう様々な調査方法について，我々の概念的枠組みとその活用について説明する。

1. ある特定の問題の性質やその程度について理解し説明すること。
2. その特定の問題の発生と関連する原因または潜在的な要因を理解すること。
3. 問題を改善または除去するためにデザインされたプログラムや介入計画を評価すること。

　これら 3 つの研究目的は，ソーシャルワークや社会・疫学の分野の研究者が取り組む調査のほとんどを包含しているだろう。そのうえ，これらの目的はいろいろな調査方法を例として使用するのに十分に広範囲なものである。この本を通じ，異文化集団において調査を行う際に直面する独特な方法論的問題についても説明したい。

多様な文化集団を様々な調査方法を用いて研究する我々のアプローチについて言及するにあたっては，自身の広範囲におよぶ調査経験に依拠する。上記のそれぞれの研究目的において，リサーチクエスチョンの形成，理論的モデル，プロジェクトの計画と実施，について説明する。読者のみなさんも自身の調査プロジェクトにおいて経験していると思われるが，我々が説明するそれぞれのプロジェクトは，プロジェクトを横断するものもあれば各プロジェクトに特有の相当量の予備的な作業や実施活動を含んでいる。それぞれのプロジェクトごとに多量の情報があるため，全ての詳細を記述するよりもむしろプロジェクトごとのいくつかの鍵となる側面に焦点を当てるほうが読者にとってより有益だろうと判断した。我々が選択した鍵となる側面は，それらが非常に重要であり，読者のみなさんが展開させようと計画しているかもしれない調査プロジェクトへの情報提供に役立つに違いないという信念に基づく。確かに，調査プロジェクトの全ての側面はプロジェクトの成功にとって不可欠のものである。焦点をプロジェクトの選択された側面に絞ることは，議論されていない部分の重要性を最小に見積もることではない。そうではなく，特定の側面に焦点を合わせるのは，我々の現場に関する知識から，ここで共有する情報が他の調査者にとっても実践的に役立つだろうと思うからである。もちろん，これらの選択はまた，ここで議論するトピックに対する我々の職業的な関心にも依っている。

　ここで，本書における3つの補足説明をする。最初に，特定の人々に対する特定の調査方法が，他の集団へ不適切に一般化され適用されないように非常に注意を払った。たとえば，北東部の田舎の特別保留地に居住するアメリカ先住民を対象に混合研究法を実施することと，同じ調査を他の地域や国に住む人々を対象に実施することは同じではない。ある調査方法がアメリカ合衆国（他の世界については言うまで

もない）に存在する全ての文化集団にいかにして適用できるかについて網羅することは不可能であるし，また同様に，多種多様な調査方法について議論することも不可能である。我々はまた，この章の最初に述べた理由から文化的特性を語る際にも非常に注意している。

　本書の主な目的は，調査方法に関して深く広くカバーする標準的な調査方法論や，様々な集団についての詳細な情報を提供する異文化集団についての文献とは異なっている。それらの書物は時として，人々の行動を極端に単純な形で一般化し，結果的に型にはまったラベル化を行ってしまうことがある。ここでは，我々が深く親しんできた多様な集団に対して用いた調査方法のいくつかの側面について極めて具体的で，明確で，実行可能な例を示す。調査プロセスの詳細な記述が可能になったのは，我々がそれら特定の集団と調査方法について熟知していたことによる。我々の願いは，この本を読むそれぞれの調査者が自らの調査対象を念頭に自身の研究を計画するための洞察を得ることである。

　次に，我々は，アメリカ合衆国や他の国々の多様な集団における広範囲な調査経験を持ってはいるが，研究対象であり共に働きもした集団について完全な知識を持っているとは明言しない。ここで説明する調査方法について相当の専門知識があるにもかかわらず，である。それから，第2章の田舎の特別保留地に居住するアメリカ先住民のケースを除いて，他の全ての章は，都市に住む人々に焦点を当てていることに注意してほしい。我々がこの本で説明する文化横断調査の経験のほとんどは大都市に住む人々に集中している。それゆえ，我々の都市での経験が都市以外の場所に住む人々にどの程度適用可能なのかという点に関する経験的な証拠は（第2章を除いて）ない。

　さらに，我々が使用する例は，エミックな視点をより用いる研究（第2章）や，より多くのエティック・アプローチを紹介する章（第

3章），またエミック・エティックの区別があまり明確でない他の章（第4章〜第6章）など，エミック・エティック連続体の様々な段階に該当する。たとえば，第2章では田舎の特別保留地に居住するアメリカ先住民を対象にして調査を行うために取った多数の調査段階を強調する。調査者に配慮するよう忠告したい多くの文化的要素に主眼点が置かれている。アメリカ先住民の特定の例を使用しているが，文化的要因（ある集団の特定の側面）が違ったとしても，本書で紹介する他の集団と共通点があることを強調する機会（普遍的考察）とする。たとえば，田舎の特別保留地のアメリカ先住民におけるゲートキーパーの役割は部族の首長や部族審議会の管理下にある（第2章）が，中央アメリカの学生のケース（第3章）では，それに類似するのは厚生省・文科省等や学校の監督者，学校長，教師などである。他方で，チリのサンティアゴにおける薬物使用の縦断的調査に参加した家族の場合，ゲートキーパーの役割は，知名度が高く信用されている医療調査機関であるチリ大学栄養・食品技術研究所（the University of Chile Institute of Nutrition and Technology of Foods, スペイン語でINTA）が担っている（第4章）。

　最後に，調査方法や通文化的実践に関する研究法の最先端の展開に遅れないで精通しようと努力してはいるが，全ての進行中の新しい方法，特に我々の専門外の分野で実施されているものについては，ここには含まれていない。我々は，最良の研究は多分野・学際的なチームによって行われ，調査参加者によって情報提供されたものであると信じている。続く章では，これらの重要な側面が強調されている。我々はまた，理想的な形では調査方法を実施できなかったことや，文化的により配慮した形でプロジェクトを行うことが出来たであろうことなど，誤りを犯してしまったことがままあると謙虚に認める。これら失敗例についても後の研究者の利益のために議論する。我々は常に自分

たちの失敗から学び，最良の調査方法を実施し，できる限り文化面に自覚的でありたいと努めている。これら全ての事柄は献身的な共同研究者の助けがあってこそ達成できるのである。

◆───ソーシャルワーク調査にとっての重要性

　先に示唆したように本書では，ソーシャルワークやその他の研究者が一般的に携わる3つのタイプの研究目的や分野に向けて様々な人口集団を対象にしたいろいろな調査方法の適用について説明し議論する。異なる集団を対象に実施された調査プロジェクトの様々な例は，多様な文化集団において文化的に適切な方法でいろいろな調査方法を実施するための包括的な視点を読者のみなさんに提供するだろう。さらに，ここで取り上げるプロジェクトの全ては，アメリカ国立衛生研究所，私的財団，大学の研究支援資金のいずれかから研究資金の提供を受けている。なぜなら，資金提供を受けることが可能であるというだけではなく（何件かは極めて大きい額である），調査の複雑性をより良く研究するためにはそのような資金を得ることが必須だということを同業者に伝えることが大切だと信じているため，この研究資金についての点を我々は強調したい。著者の経験から，研究資金を得ることでそうでない場合よりも幅広い範囲の共同研究者を含む，より包括的な調査が可能になる。そのうえ，問題の複雑さを考えると，多分野の学際的なチームで調査を行う必要があることを強調しなければいけない。文化横断調査の実施には多元的な認識論や方法論の知識が必要であると我々は強く信じている。しかしながら，全米科学アカデミー，全米技術アカデミー，アメリカ医学研究所による学際的研究についての共同レポートで言及されているように，まさにこの種の作業がもたらす多様な観点のために，互いの言語，方法論，文化を学び尊

重することに膨大な時間が費やされるに違いない。[1]

　本書を読んだ後に，知識の重要なギャップを埋めるのに資する研究を実施するために（調査参加者や他分野の研究者を含む），多様な人口集団とパートナーシップを築くことに対して調査者が勇気づけられることを心から願っている。もし調査が共同事業で文化的配慮を伴った方法で行われれば，そのようなコラボレーションが歓迎されるのだが，調査者の側では，ある種の集団に対して調査を行うことや調査の実施を考えることさえも躊躇することが多すぎるのだ。

　我々が本書で言及する調査方法は，次の3つの研究目的，（1）ある特定の問題の性質やその程度について理解し説明すること，（2）その特定の問題の発生と関連する原因または潜在的な要因を理解すること，（3）問題を改善または除去するためにデザインされたプログラムや介入計画を評価すること，のどれかに当てはまるということをくり返し述べよう。1つ目の研究目的のもとでは2つのトピックを扱う。1つは混合研究法，もう1つは標本調査についてのものだ。人間や組織行動の複雑さをより良く理解するためには多元的な方法論や多元的な考え方が必要不可欠であると強く信じているゆえ，まず混合研究法に焦点を当てて調査方法の議論を始める。「混合研究法の実施――アメリカ合衆国先住民の例」と題した第2章では，田舎の特別保留地に居住するアメリカ先住民を対象にして調査をするときに調査者が考慮しなければいけない重要な文化的要素に関して多くの詳細を紹介する。この章は，エミック的観点に非常に強く依拠している。「人口集団に基づく大規模な標本調査の実施」と題した第3章は，主にエ

---

[1]　National Academy of Sciences, National Academy of Engineering, and Institute of Medicine (2005). *Facilitating interdisciplinary research*. Washington, DC: National Academies Press. オンラインにて提供中（http://www.nap.edu）。

ティック・アプローチに従って行われた調査であり，薬物使用に関する大規模な多国間調査の例を用いる。この研究から，大規模な標本調査を計画する際に，学校・団体・市・郡・州・国などどこで調査が実施されるにしても調査者にとって役立つと思われるいくつかの鍵となる要素を強調して述べる。

　2つ目の研究目的のもとで扱うトピックは，縦断的調査のデザインと実施についてである。第4章の「縦断的調査の実施」では，対象とする変数間の関連性について前向きに追跡調査するために計画された2つの大規模な縦断的調査の例を示す。1つ目の調査は国際的な環境で現在も進行中のもので，もう一方はアメリカ合衆国の国際的な大都市におけるものである。これらの研究は，エミック−エティックレンズの組み合わせによって導かれており，大規模な縦断的調査についてのユニークな洞察をもたらすであろう。最後に，3つ目の研究目的のもとで扱う2つのトピックは，コミュニティでの大規模な無作為化臨床試験の調査デザインやコミュニティに基づいた参加型調査の実施に焦点を当てている。それに対応する章は，「コミュニティにおける実験デザインの使用」（第5章）と「コミュニティに基づく参加型調査の実施」（第6章）である。実験デザインについての章は，コミュニティにおける大規模な無作為化臨床試験を計画し実施することに関する詳細な説明である。エミックおよびエティックの両アプローチを使用するこの調査の焦点は，文化的側面に偏るものと我々が予測していたのとは反して，次第に社会・経済的な側面に集中していった。後に述べるように，このプロジェクトの成功においては，人々の社会・経済的状況に配慮することが決定的に重要だった。そして，デトロイトで今現在進行中の大規模な調査を例として使用しながら，コミュニティに基づいた参加型調査についての議論でこの調査方法論をしめくくる。これら2つの研究から，調査者それぞれが自分自身の調査に有

益な情報を得ることができると信じている。最後に第7章では，本書で紹介した題材について簡単に討議と要約を行い，調査を行う研究者にとってインターセクショナリティ的視点を調査に組み込むこと——もしかすると新しい考え方かもしれないが——を真剣に考える必要があると提案して本書をまとめる。端的に言えば，ここで言うインターセクショナリティとは，人々を定義付け，また逆に人々が創り出してもいる多元的なアイデンティティを考慮する必要があるということで，結果的にその自己の全体像は部分の集合体以上のものだということになる。調査にとってのこの概念が意味するところは第7章で議論する。

　我々は，調査者が抱く文化的により配慮した適切な方法で調査を行いたいという願望と力量に本書が貢献できること，そして結果として調査対象者の生活を改善するためのより良い知識をもたらすことを信じている。本書はソーシャルワークの教員，ソーシャルワーク調査者，博士課程の学生や彼らの授業にとっては特別に意義があると思われるし，またソーシャルワーク修士号（MSW）における調査や事業評価方法の授業の副読本としても役立つだろう。この本はまた，心理学，教育学，社会学，公衆衛生学，人類学などの関連した専門職・専門学科に携わる人々にとっても興味深いはずである。

　本書は多様な文化的関心や調査の興味を持つ幅広い読者層を念頭に明確な目的を持って書かれたものである。この本の内容は文化と調査方法の相互作用に関するものであることから，章によっては相当な量の文化に関する詳細な説明を含んでいる一方で，他の章においては方法論により焦点が当てられている。これらの詳細は，ある人々にとっては難しすぎ，他の人々には丁度よく適当であるが，すでに特定の主題に対して高度な知識を持つ人々にとっては簡単すぎるかもしれない。それでもなお，我々が行ったプロジェクトと同様に（またはそれ

より）興味深く，そして人々の生活の質の改善に役立つ調査プロジェクトを他の調査者が開発していくために，我々の経験が貢献することを望んでいる。我々はこのような精神で自身の経験について記述したのである。

第2章

混合研究法の実施
―アメリカ合衆国先住民の例―

　混合研究法は，特定の問題をより良く理解し，リサーチクエスチョンについてさらに詳しく調査するために広く認められつつある調査手段である。混合研究法を使用する調査者は，持続的な探究プログラムにおけるひとつまたは複数の研究の中で量的・質的両方のデータを収集し，分析し，統合する（Creswell, 2003）。クレスウェル（Creswell, 2003），ジョンソンとクリステンセン（Johnson & Christensen, 2004），タシャコリとテッドリー（Tashakkori & Teddlie, 2003）による最近の著作は混合研究法を使用した調査デザインについて豊富な情報を提供している。またクレスウェル（Creswell, 2003）は3種類の混合研究法デザインを特定している。

1. **説明的デザイン**　調査者は量的データの収集・分析を優先し，最初に量的データを収集する。質的データは，量的データの結果を精錬し，補充・拡充する目的のために量的データの後に収集される。

2. **探索的デザイン**　調査者は質的データの収集・分析を重要視し，まず質的データを収集する。量的データは，質的データの結果から発展させたり，または結果を説明するために質的

データの後に収集される。

3．トライアンギュレーション　調査者は量的・質的データ両方を同時に収集し，両方に同等の優先順位を与える。分析結果は2種類のデータが類似しているか否かを究明するために比較される。

　混合研究法は，関係の強さを説明したり，予測をしたり，「自然な状況の中で現象を調査すること……人々がもたらす意味の点から現象を理解，または解釈する」（Denzin & Lincoln, 2000, p. 3）ためにデータ収集を行う機会を提供する。混合研究法は，支配的な文化と異なる文化集団の間にある溝を橋渡しするような方法で調査を実施しようとしている調査者にとっては特に重要である。

　混合研究法の利用について述べるために，ここでは2つの調査を活用する。調査1は，アメリカ中西部の田舎にある特別保留地に居住するアメリカ先住民における母親と母方親族の賭博・子育て・自己効力感・鬱状態・社会的支援・子どもの素行問題の相互関係について説明的デザインで調査したものである（Momper & Jackson, 2007）。初めに計150名の女性たちから量的データが収集され，その後そのうちの20名が半構造的インタビューに参加した。この調査は，アメリカ国立衛生研究所，ニューベリー図書館，ピッツバーグ大学学長基金から研究資金の提供を受けた。次に，この説明的研究から得たデータが，いかにして以後調査2と呼ばれる，特別保留地における賭博・飲酒・喫煙・薬物使用についての研究につながったかについて説明する。調査2では，12歳から78歳までの49名の参加者による8回の「トーキング・サークル」（2006, 2007）と称するフォーカス・グループ・インタビューが行われた（Momper, Delva, & Reed, 2011）。この調査は，国立薬害研究所とミシガン大学タバコ研究ネットワークから研究

資金の提供を受けた。この章では，文化的に配慮した方法による混合研究法のデザインとその実施について解説するためにこれらの調査からの情報を使用する。

第1章で示したように，本章と後の章では何がリサーチクエスチョンの形成を導き，どのような理論的モデルが使用されたのかを述べ，調査プロジェクトの開発と実施の具体例を提示する。これら3つのトピックに加えて，読者のみなさん自身が調査プロジェクトを計画する際に役立つと思われる，我々のプロジェクトにおける少なくとも2つの重大な側面に光を当てる。なぜなら，それらの事柄は調査者がアメリカ先住民の生活の文化的・歴史的側面に対してどれくらい配慮しているかを示す良い指標になるからである。第一に，調査者が先住民コミュニティのための文化的仲介者になる必要性を強調する。文化を仲介するということは，軋轢を軽減したり変化を引き起こしたりするために，文化的に異なる背景を持つ個人ないし集団間の橋渡しを行い，つなげ，仲裁する行為である（Jezewski, 1990）。文化的仲介者は，他の集団や個人の立場を代弁する仲介役であると定義することができる（Jezewski & Sotnik, 2001）。第二に，調査対象者への接触の問題，そして，調査者自身が先住民であるかどうかにかかわらず，調査者と研究に参加する先住民との違いに関する問題についても詳細に述べる。調査者はそういった違いを前向きかつ積極的に認め，自分の世界観ないし理論的枠組みを批判的に疑問視して必要な調整を行わなければならない。たとえば，調査者は正規の教育歴の有無のみで能力を判断する従来の考え方を見直す必要がある。なぜならば，正規の学校教育を受けていない多くの人々が調査の過程において深い洞察力を提供し得るからである。その洞察というものは文化的経験や口頭伝承による学びのように，他の知識習得方法によって獲得されたものであるかもしれない。その他の例は，スケジュールに従い，締め切りを守ることに

対する利害と関係している。特に研究資金が関係していて資金提供者が説明責任として「成果」を期限内に提出することを求める場合である。しかし，多くの文化では，時間の概念はより流動的であり，信頼関係を構築し確立することのほうが重要である。調査者にとって，これらの対立する要求に上手く対応することはアメリカ先住民の調査に限らず，他の集団を対象にした場合でも，調査を成功させるために大切なことである。

調査者はまた，調査を行う際に家族や部族コミュニティの重要性について認識する必要がある。たとえば，もし調査の途中に部族のメンバーが「行ってしまう」「川の向こう岸へ渡ってしまう」（死去する）場合，調査者は快く面談の日程を再調整しなければならない。また，調査参加者の家族が病気になり家族と一緒に病院に滞在しなければいけなくなった場合も，先住民文化を構成する要素としてその状況を受け入れる必要がある。特別保留地のコミュニティの中で積極的に参与者になること，たとえば亡くなった人のための大宴会の準備を喜んで一緒に手伝うこと，必要であれば病気の家族の見舞いのために調査参加者を病院へ車で連れて行くこと，なども避けられない。第1章で示したように，ここでは調査者が調査を行う際に従うべき行動の類型を提供するわけではない。ここで挙げた具体的な例は，あくまでもアメリカ先住民と一緒に仕事をする際に予期されることがらの数例であり，決して包括的なリストではない。これらの例は，文化的配慮ができる調査者，つまり新しい経験や学びに前向きである者が，アメリカ先住民と共に仕事をする際に自分の行動を変容させるために気が付くかもしれない事柄を示している。以下では，特別保留地に居住するアメリカ先住民における母親と母方親族の賭博・育児・自己効力感・鬱状態・社会的支援・子どもの素行問題の相互作用に関する調査について引き続き記述する。

◆─────リサーチクエスチョンと理論的モデル（調査1）

■リサーチクエスチョン

　アメリカ先住民が経てきた経験に対して思慮深い調査者は，アメリカ先住民と学術コミュニティを含めた一般の人々の間に存在する長い不信の歴史についての認識があるだろう。それゆえ，調査者はおそらくプロジェクトの最も初期の段階から先住民の人々の意見を取り込むことになると思われる。この調査において，先住民の賭博について調査するアイデアは，先住民である本書の共著者モンパー（Momper）に「もし先住民の研究をするなら，ぼくの母と叔母の賭博について調査したらどうか」と言った一人の若い先住民男性との会話から生まれた。この発言が，特別保留地における賭博の影響についての長老先住民との議論や，部族審議会委員との打ち合わせへ導いたのであった。

　先住民における賭博（インディアン賭博規制法（IGRA）の可決と共に1998年に合法化された）についての先行研究によると，特にアメリカ先住民女性において問題ある賭博行為が増加している（Costello, Compton, Keeler, & Angold, 2003; IGRA, 1988; Volberg & Abbott, 1997）。さらに，ノースダコタで実施された賭博の比較研究によると，生涯にわたる病的で問題のある賭博率が，一般人口における3.5％と比べて，アメリカ先住民の間では14.5％であることが分かった（Cozzeto & Larocque, 1996）。そのため，先住民女性の賭博行動が彼女たち自身やその家族に影響を与えているかどうかを究明する調査を行う共同決定がなされた。そして2004年に中西部の特別保留地にて150名のアメリカ先住民女性の賭博行動に関する混合研究法調査が実施されたのである。彼女たち（150名）は自計式の標準化された尺度を含む調査票に回答し，またそのうちの20名は，特別保留地に部族の一員として登録されている調査者によって質的インタ

ビューを受けることにも同意した。この調査では，以下の4つの質問が提示された（Momper & Jackson, 2007）。(1) 母親の賭博行動はアメリカ先住民の子どもの素行と関連しているか？ (2) 母親が賭博を行う家庭の場合に，有益な社会的支援へのアクセスや家庭におけるより適切なしつけと子どもの素行は関連しているか？ (3) 母親の賭博行動が子どもの素行へ与える影響は，母親の有益な社会的支援へのアクセスや家庭環境におけるより適切なしつけによって緩和されるか？ (4) 子どもの性別は，母親の賭博，しつけ，子どもの素行の関係を説明する要因の一つであるか？　この調査では，カジノがこの部族が収入を得る助けになってきたにもかかわらず，今日においても部族が州内で最も貧しいままであるため，経済的重圧に対する母親の認識にも注意を払っている（Jensen-DeHart, 1999）。

■理論的モデル

　この調査で使用した理論的モデルは，マイクロシステム，メゾシステム，エクソシステム，マクロシステムによって構成される生態学的な理論的観点によるものである（Bronfenbrenner & Ceci, 1994）。アメリカ先住民は彼らのエコシステムとの調和を図り，部族構造，クラン（氏族）編成，家族の相互依存を通して人類の生態系を重視している（Good Tracks, 1973; Joe, 1989; Red Horse, 1980）。より具体的に言えば，アメリカ先住民の子どもは，生物学的家族とクランやバンドのような親族ネットワークの2種類の人間関係のシステムの中に生まれる（Blanchard & Barsh, 1980）。前者はマイクロシステム（たとえば，家庭環境や家族関係）によって構成され，後者は，2つないしそれ以上の子どもを含むマイクロシステムの作用から構成されるメゾシステム（たとえば，家庭環境や親族ネットワーク）である。エクソシステムは，一方にだけ子どもを含む2つないしそれ以上の状況の作用

から構成される（たとえば，家庭環境は母親と子どもの両方を含むマイクロシステムだが，カジノでの賭博行動は母親だけを含み子どもは含まない状況である）。この調査では，より広範囲の文化的，または社会経済的環境，すなわちマクロシステム，の影響としてインディアン賭博規制法（IGRA）および特別保留地におけるカジノを含んでいる。次のセクションでは，プロジェクトの成り立ちについて論じる。

■プロジェクトの実施

　プロジェクトの過程について述べる前に，プロジェクトの起こりについて話す際に言及された，調査者が直面したジレンマの例として次のエピソードを紹介する。

　　　幼いころ，首長であった叔父が冬眠中の年老いた熊の行動を観察するために私を森へ散歩に連れて行ってくれたことがあった。森の小道を歩いている間，先住民の歴史や特別保留地にある "先住民の古い小道" をハイキングすることに興味を持っていた地元の大学の留学生を散歩に連れて行ったことについて話してくれた。私は叔父がそんなことを学生にしてあげていたということに興奮し，感激して，そのことを叔父に言った。すると，叔父は「おお，私は決して彼らを本当の "先住民の古い小道" には連れて行ってはいないのだよ。私はただそれがそうなのだと彼らに信じさせただけさ」と言った。

　このエピソードはアメリカ先住民であり調査者でもある著者のジレンマを表している。なぜならば，アメリカ先住民の文化に接触するときにどの程度「内部者」としての知識を共有するべきなのかということに関係するからである。一方では，著者はソーシャルワーカーとし

て他の文化に関しての知識を拡充させる義務があるとも信じている。したがって，このセクションはソーシャルワークや他の職務にある研究者に対して，どのようにしてこのプロジェクトが始まったのかを紹介すると同時に，ある情報については公にしないままにしておくように配慮する必要があるということを伝えることも目的としている。文化的要因についての情報はあくまで目安として示したもので，他の特別保留地または都市に居住するアメリカ先住民を対象にする場合は，部族メンバーからの情報を基にして調査するように読者のみなさんには留意してもらいたい。ここでの情報が，アメリカ先住民について研究を行いたいと考えているソーシャルワーカーやその他の人々にとって文化的により適切な方法で調査をデザインし，データを収集・分析し，そして結果を報告する助けになることを願っている。

■研究を学術・調査コミュニティに対して提示する

　もしあなたが学術研究者ならば，学術・調査コミュニティに向けて調査を提示する時が来るだろう（つまり，研究資金調達のための申請書を書く，倫理審査委員会に申請書を提出する）。調査の過程のこの段階において，あなたは部族コミュニティと学術コミュニティとの間に存在する溝を橋渡しする文化的な仲介者となる。博士課程の学生であろうと独立した研究者であろうと，学術コミュニティの一員でありながらアメリカ先住民のための仲介者でもあるという二重の立場に置かれることになる。ここでこそ，長い間沈黙させられてきた先住民の「声」を代弁しなければならない。もしうまく行うことができれば，先住民の人々の信頼を得ることができるだろう。たとえば，我々の研究の場合では，調査の同意プロセスについて懸念点が挙げられた。「どのようにして調査対象者に接触する予定か？」，「先住民，特に特別保留地の人々から情報を得るのは難しくないか？」，「なぜ飲酒では

24

なく，賭博についての調査を行いたいのか？」といった質問がそうである。これらのコメントこそが，調査者が先住民であれそうでない場合であれ，先住民のニーズを明らかにし，彼らや調査に関わる誤解を解くために，特別保留地において調査を実施する必要があるその根拠であった。特別保留地に居住する先住民に接触することは可能であり，彼らは自分たちの物語を語りたいと思っており，そして先住民の飲酒についての研究はすでに行われているが賭博行動に関するものはほとんどないのである。この調査が先住民にとって重要だったため，ソーシャルワーク研究者として，また文化の仲介者として，我々の目標は学術界に対してこの調査の重要性に納得してもらうことであった。知識と教育に価値を置く先住民の人々は，彼らの価値を認めて調査の過程に彼らを含める研究に対しては理解があり，快く調査者を助けてくれる。留意するべきは，先住民の調査を行うために調査者自身が先住民である必要はないし，また先住民のことを全て知っている必要もないということである。理解することと，周縁化された人々のニーズに配慮することが肝要なのである。

■調査対象者の保護

　学術・調査コミュニティの一員として，調査を実施する前に大学の倫理審査委員会から承認を得なければいけない。さらに，特別保留地で部族メンバーを対象に調査することを認める，という部族からの書面を大学に提出する必要もある。最近では部族内で審査委員会を定期的に開き，保留地内で実施される調査について決定している部族もあるが，この部族の場合はそうではなかったので，当調査では部族評議会から承認を得ることになった。口頭での承認を得た後は，調査計画書の草案を書き，また研究の完了へ向けて支援してもらうために，アメリカ国立衛生研究所による博士論文助成金の申請書を作成した。

■部族の承認・同意を得る

　調査者は部族のメンバーと「顔と顔を付き合わせた」関係を構築する必要があり，それは調査プロセスの中でも最も重要な段階の一つである。これには部族のメンバーと特別保留地内で時間を共にするということが含まれる。たとえば，調査を開始する前に特別保留地やその近辺で行われるパウワウの集いに参加したり，若者や年長者とともにボランティア活動をしたり，特別保留地内のソーシャルワーカーや部族のメンバーに対して社会的支援を行う人々と打ち合わせをしたりすることである。しかし，このようなあなたの関与はただ単に調査を行う目的のものではなく，誠実なものでなければいけない。また人種，民族，ジェンダー，年齢，教育，社会・経済的地位の違いに敏感でなければならない。さらに，特定の部族の歴史についても知る必要があり，もし長老が語ってくれるならば彼らの歴史に関心を示さなければいけない。調査研究に関わる先住民としても，自分は個人的な質問に答えるのに調査者のことは誰だかよく分からないというのでは筋が通らないので，あなたもまた進んで自分の個人史を共有しなければいけない（Napoli, 1999）。加えて，もし調査者が先住民でない場合は，部族評議会や部族のメンバーとの調整役ができる長老との関係を築く必要がある。このような種類の関係を築くには時間がかかる——それは研究や調査者の必要のためだけでなく，交流すること，助けること，長老の教えに従うことに費やされる（たとえば，自分や家族について話すこと，車で送り迎えをすること，子守りをすること，宴会や式に出席することなど）。他の章でも説明しているように，具体的な方法は集団によりけりかもしれないが，文化的配慮を行うことや他の集団に接触することには，分け合ったりお返しをしたりする行為も含まれる。ここで要点となるのは，文化的配慮がある調査者は偏見のない心で集団に接近するものであり，信頼を築き接触を成し遂げるためには

その集団にとってどのような行動が適切で高く評価されるのかを示す手掛かりを積極的に探し求めるべきだということである。

　もしあなたが独自の部族内審査委員会を持つ特別保留地で研究を行う場合は，委員会への連絡が必要となるだろう。ただ，最も良い方法は調査計画書を審査に提出する前に，自分や自身の研究について部族内審査委員会のメンバーに話してくれる部族のメンバーとも直接知り合いになっておくことである。そうすることで，内部の人間があなたについて保証し，プロジェクトをサポートすることが可能になるであろう。ここで報告している研究に関しては，この調査の著者は数年ものあいだ保留地内に居住していなかったため，部族の老婦人との会話に時間を費やすことで保留地での最近の出来事やどうやって文化的に適切な方法で調査を遂行できるかについて学んだ。著者の計画はそのように老婦人と共有され，彼女は調査許可を得るために部族の議長と話すようにアドバイスしてくれたのである。

　著者はそのころ特別保留地外に住んでいたため，議長に電話をかけて著者が保留地に滞在する予定のころに面談をとりつけた。しかし，時間を設定する行為は先住民の文化において効果的でないことに後になって気がついた。面談というものはもっと何気ない方法，たとえば，廊下を歩いている最中や，ある会議から次の会議に行く途中や，家族のことを話すために私的に立ち寄ったついでに調査のことも話す，という感じで始まるのだ。著者が面談に到着したときにオフィスに議長の姿はなかったが，すぐに居場所を教えてもらい捜しに向かった。通常，調査者は自分の調査について話す前に議長に自己紹介をする必要があるが，著者の場合は議長がすでに彼女やその家族について知っていた。先住民でない調査者であっても，調査の前にすでに特別保留地で時間を過ごし，部族の集会に参加していれば部族の議長はその調査者を見たことがあるだろうし，存在も認識しているだろう。し

かし，もし前もって特別保留地で先住民の人々と交流する十分な時間を持っていなかった場合，この時点で彼らがあなたを受け入れ，信頼する準備ができていないことに気が付くことになる。著者の場合でも，自身が何者なのか，部族の老婦人との関係は何なのか，家族のメンバーは誰なのかについて議長に思い出してもらわなければいけなかった。また，調査についての予定していた話を大急ぎで始める前に，彼の話を聞き，家族の近況についての質問に答えることに時間を費やさなければいけなかった。言いかえれば，面談のペースを落とし，人生のより重要な側面について話さなければならなかったのだ。いったん口頭で了承してもらった後は，現在在学中の若い世代の部族メンバーたちについて，学校が彼／彼女らや部族にとってどれほど重要であり続けているのかということについて話した。この顔合わせと議論の要点は，調査研究自体が一番重要だとするのではなく，信頼関係が構築され得るように調査者は快く交流し，情報を自ら開示した点にあった。部族にとってはこの口頭での承認で十分だったので，著者は大学の倫理審査委員会にとってもそれだけでいいだろうと誤解していた。次のセクションでは，倫理審査委員会の承認を得るためのさらなる段階について述べる。

■文化を仲介する——2つの世界の折り合い

　先住民の調査者として先住民の文化を保護するように特別の注意を払いながら「学術界」と「特別保留地の世界」との折り合いをつけないといけない。ソーシャルワーク研究者は調査参加者を危険から守ることに責任があるからである。特別保留地で調査を行う際にこの点は特に重要でありまた難しいことでもある。学術界と特別保留地の先住民の文化の違いは非常に大きい。保留地において調査者はその違いを認識し，学術界のルールを先住民の側に押し付けることを妨ぐ必要が

ある。さらに，先住民である調査者もそうでない者も学術界に対して文化の違いを教え，ギャップを縮める方法を示す活動家である必要がある。この調査の場合は，調査計画書とアメリカ国立衛生研究所へ提出する書類が完成したとき，部族の議長による口頭での承認では大学の倫理審査委員会の要件を満たさないことが判明し，書面での承認が必要になった。

　この著者は学術界と特別保留地の世界の両方の期待に応えようと，絶え間ない内面的な葛藤を経験することになった。先住民の人々は歴史的に口頭伝承に頼ってきたが（Amber, 1995; Montejo, 1994），大学の場合はそうではない。たとえば，議長の口頭での承認は部族や著者にとってはそれで十分だったが，この調査を実施するためには大学の倫理審査委員会が標準的に記載している必要要件に応えるよう強いられた。書面での承認を入手するために，電話や手紙で部族の議長と副議長に連絡を取ろうとした。数週間ほどこの方法を試みた後，再び面談を申し込むことにした。著者は（900マイル先の）特別保留地まで赴き，部族の管理棟に行き親戚に挨拶をして副議長に会った。彼は著者を議長のオフィスに連れて行き，調査が書面での承認を必要としている旨を伝えた。すると，議長はこれから始まろうとしていた全メンバーが参加する部族評議会に著者を招いてくれた。この会議のことを事前に知らされていなかった著者は準備をしていない状態で戸惑いながら，ショートパンツとTシャツという格好で評議会全メンバーの前に立ち，調査計画について説明するはめになった。評議会のメンバーはまず始めに，著者が特別保留地においてどのような人間関係を持っているのかを知りたがった。いったん人間関係を示した後は，副議長が著者について受け合ってくれ，評議会のメンバーは調査に協力的だった。最終的には部族評議会の秘書が書類を作成してそれを著者に送ってくれた。もしあなたが先住民関係者でない場合は，特別保留

地に滞在した折に構築した関係をもとにして部族リーダーたちとの関係を形成することができる。再度述べるが，信頼関係を築くためには，顔を突き合わせた面談が期待されていた。彼らにとっては，調査計画書を提示したときの著者の服装は重要ではなかった。それよりも彼女がどのような人間なのか，家族や友達は誰なのか，特別保留地における人間関係はどうなのかといったことが重要なのであった。

　先住民でない調査者は，先住民の人々は物質主義的では全くなく，経済的地位よりもその人の人間性や価値観を重視して人間を判断することが多々あることを認識する必要がある（Attneave, 1969）。先住民でない調査者にとって，部族の長老メンバーと関わることや，集会への参加は部族社会への入り口であり，そこから部族コミュニティに受け入れられていく。そうなると，部族のメンバーはあなたのことを受け合ってくれるだろう。面白いことに，著者が別の調査をこの特別保留地で行っていたときに，部族の調査参加者たちが倫理審査委員会の事柄や長たらしい調査同意書について聞いてきたことがあった。ある人はなぜそんなにページ数が多いのかを質問し，そして「白人たちはお互いを信頼していないのか？」と言ったのだ。

■部族メンバーの雇用

　部族のメンバーを調査スタッフまたはアシスタントとして訓練して雇用することは特別保留地で調査を適切に行うために必要な段階である（Caldwell et al., 2005）。特別保留地に居住する先住民スタッフのほうが特別保留地の人々に好まれるだろう。このことは，他の章でも述べるように，別の集団を対象に調査を行うときも同様である。調査者と部族の参加者との関係は双方向的なものにならなければいけない。たとえば，調査アシスタントやその他部族の被雇用者は学術界に紹介され，その代わりに調査者は特別保留地の世界に紹介される。こ

の調査では，部族のある長老が調査アシスタント（RA）として雇用された。雇用のこの時点で，調査者は学位保持者を雇用することに関する自らの偏見を自覚しなければいけない（Stubben, 2001）。長老は，文化的，精神的，経験的な知識を有していて非常に価値があり尊重されている。この調査アシスタントは有名な家族の出身で，部族内の政治においても豊富な経験を持ち，他のアンケート調査を手伝ったこともあり，部族内で高い地位を得ている長老女性であった。部族から誰かを雇用することは，部族にとってもその人にとっても経済的な利益をもたらし，また，調査技術の習得も可能にする。たとえば，この調査にアシスタントとして参加することによって，彼女はコンピュータ技術を習得するために部族大学に登録した。結果として，フルタイムの学生として勉強し，最近準学士号を取得して卒業した。調査アシスタントのエンパワーメントは，調査の過程を通して起こり得る前向きな変化の一つである（Tinkler, 2004）。似たような状況は後で述べる他のプロジェクトのスタッフにも起こった。たとえば，第5章で説明するランダム化比較臨床試験におけるアフリカ系アメリカ人スタッフの何人もが学士または学士以上の学位を終了した。

　同時に，この調査アシスタントとの関係から調査者が得た利益は，アシスタントが先住民の女性集団への入り口としての役割を果たしてくれたことであった。著者は，幼少期以降は特別保留地に居住していなかったので，調査アシスタントが彼女のことを引き受け「信頼できる」とみなしてくれることによって，結果的に部族の女性が著者を受け入れて調査に参加してくれるようになったからである。調査アシスタントは先住民文化について多くのことや，先住民の観点から人生において何が大切なのかということを教えてくれた。調査が終了すると，調査アシスタントは学会に出席して学術界に紹介され，そこで調査結果が発表された。このことは，文化的に配慮した調査が協力関係

にある全ての人々に対していかにして利益をもたらすかを示す好例だといえる。同様に，本書で説明する他の全ての調査についても，雑誌論文，レポート，学会での発表は様々なプロジェクトを行う共同研究者との協力関係のもとで行われており，筆頭著者も分担されている。

■文化的に適切な調査方法のデザイン

　特別保留地における文化的に適切な調査は，部族の調査参加者が自分たちの物語を語る機会を含むべきである。物語を語ることは先住民の家族にとって人生と学びの重要な側面である。先住民の人々は，彼らの経験を伝えるために歴史的に口頭伝承に頼ってきた（Ambler, 1995; Montejo, 1994）。この調査は，量的データ（アンケート調査）と質的データ（インタビュー）の両方を収集する混合研究法による調査であった。先住民の人々にとっては，質的アプローチの方が，つながりや全体性を調査するゆえに伝統的な知の在り方との相性がより良いが（Crazy Bull, 1997），量的データの収集についても問題はなかった。実際のところ，関係者（たとえば，コミュニティの協力者，調査参加者，先住民の人々，先住民でない人々）にプロジェクトの予備議論にも参加してもらい，彼らの考えが考慮されれば，彼らの側でも調査の詳細に関して説明されることを歓迎し，多くの場合は「科学的な」負担に対しても異議を唱えないということを，我々は経験済みである。たとえば，我々の調査のいくつかにおいては，大きなサンプル数を選択する理論的根拠を説明したり（検出力の問題），実験デザイン法を使ったり（内的妥当性の問題）した後の研究において，「小さい」サンプル数を選んだり，特定のリサーチクエスチョンを検証する際にランダム化比較臨床試験を実施しなかったりすると，コミュニティの協力者がそのことについて質問することもあった。

　さらに大変だったのは，尺度が先住民の使用する「基準」と一致し

得ると確かめることで，それは非常に難しい作業であった。この調査では，調査票の質問を特別保留地での家庭生活をより正確に描き出すことができるように調整した。先住民コミュニティのニーズをより反映させた尺度にするために，先住民でない調査者はコンサルタントや部族の調査参加者を活用するとよい。我々としては，より多くの研究者が先住民について調査を行うにつれて，より文化的に適切な尺度が入手できるようになると提案する。この章の論点をふまえて，この特定の調査においてどのように具体的に尺度を調整したかという例は示さない。この点についてもっと知りたい読者は著者らに連絡していただきたい。喜んで情報を共有する。

　誰が評価をするかという点でまた他の文化的なチャレンジが生じる。この調査では，母親のみが子どもの行動についてのデータを提供した。子どもはかなり多くの時間を学校で過ごすため調査の観点からは，学校の教師からも情報を得たほうが理想的であっただろう。しかし，教師からの報告が理想的であるにしろ，文化的配慮を行う調査者であれば，この特定の部族が（他の多くの場合も同様だが）特別保留地の外にたまたま位置する学区と歴史的に希薄な関係しか持ってこなかったということを知っているだろうし，また学ぶことになるだろう。教師からの報告を入手することについての懸念は，特別保留地と子どもの通学する隣接した町との間に存在する民族的反目の重要な歴史，そして報告の多くは先住民でない教師によるものになる，ということに起因する。この地区における特別保留地の先住民と先住民でない隣接町の人々との関係は，1980年代と1990年代を通じて条約上の権利について紛争中であり，緊迫したものだった（Grossman & McNutt, 2001）。コミュニティ間の緊張は増大し，先住民の人々が言葉による攻撃や，身体的暴行を受けるほどにまで人種差別が激化した。これらの歴史的要因を考慮に入れると，教師からの報告を入手す

ることを主張することで先住民の女性を孤立させ，彼女たちの調査へ
の参加に影響を与えるかもしれなかった。また，教師から得る情報
が，歴史的な文脈に影響を受けた偏見によるものだったかもしれない
という点についても定かではない。確かに，子どもの行動について
教師から情報を得ることは大いに調査を補強することができる。しか
し，この特定のケースにおいては，歴史的・文化的な文脈を鑑みて教
師に接触しないほうが良かったのである。しかし，振り返ると，子ど
もの行動について教師にも質問に答えてもらうことについてどう思う
かと母親たちに尋ねることは十分に適切であっただろうと思う。多く
の教師が先住民の子どもを支援し尊重することをより受け入れようと
しているので，母親も教師に子どもを評価してもらうことを気にしな
かったかもしれない。調査者は母親の反応に応じてどうするかを決定
すればよかったのかもしれない。

　母親からのデータだけに頼るもう一つの懸念は，彼女たちが特別保
留地に居住していない先住民のメンバーに対して公にしにくい情報を
打ち明けたがらないかもしれないということである。この点は，調査
プロジェクトに参加したことがある人なら誰もが抱くと思われる全く
妥当な懸念である。だが，このことは政府や優位な立場にある文化に
よる人種差別やその他の差別的・偏見的行いの長い歴史を持つアメリ
カや他の国における，先住民や人種／エスニック・マイノリティの
人々には特に当てはまるのである。たとえば，ヨーロッパ人との初
期の接触はしばしば先住民の死や無力化へと帰結した（Gray, Yellow
Bird, & Coates, 2008）。連邦条約は全て破られ，政府に土地を掌握さ
せることを可能にした。多くの先住民の子どもたちは親の意志に反
して，優位な文化に同化させるために寄宿学校に入れられた。そこで
彼らは自分たちの宗教的・精神的伝統を実践することも，自分たちの
言語を話すことも許されず，身体的・性的な虐待を経験した（Gray

et al., 2008)。先住民に不利な法律も州や町の政府によって可決された。たとえば，先住民が町に入れるのは物資交換のときに限られ，日没後は町に滞在することは許されず，また先住民の頭皮に懸賞金がかけられ，大量虐殺も合法とされた（United Native America, n.d.）。先住民医療サービスを 1970 年から 76 年にかけて利用した先住民女性の 25％から 50％が意志に反して不妊手術を受けさせられた（Dillingham, 1977）。この特定の調査に関しては，先住民の女性たちは調査者が特別保留地に居住していないことで，与えた情報が秘密にされると確信して安心したようであった。先住民でない調査者であっても，文化的実践を尊重し，歴史的文脈を理解することを真剣に考慮し，特に，特別保留地で時間を過ごした経験がある場合は，同等の尊敬と信頼を得ることが可能である。

■データ収集

　調査アシスタントや部族のメンバーがデータ収集に積極的に参加することで，調査が調査参加者にとって信頼できるもの，参加したいと思えるもの，報復を恐れないで安心して質問に答えられるもの，として受け入れられることを確かにする。加えて，調査アシスタントや部族のメンバーが積極的に調査へ参加することで調査技術を習得し，特別保留地で将来実施されるかもしれない調査において文化的仲介者として貢献することができるかもしれない。以下の手順は今回の調査についてのものだが，他の特別保留地においても適用することができるだろう。

　　・調査アシスタントに連絡を取り，お互いに都合が良いデータ収集の時間を決める。調査アシスタントが長老の場合はその人の意向に従う。

・調査アシスタントに調査について周知してもらうように頼む。チラシを特別保留地に掲示してもよいが，口頭の方がより生産的で文化的にも適切である。

・最初に予備調査を行い，調査アシスタントや部族のメンバーから調査のデザインについてアドバイスをもらう。

　　a）コミュニティのメンバー（15名）が調査票を記入し，フィードバックが促され，質疑応答がなされ，変更箇所が指摘された。

　　b）これら15名の部族メンバーのうち3名が，インタビュー手順の妥当性を評価するためのより綿密なインタビューに参加した。

・もし要求があれば，調査や尺度に変更を加える。変更できない場合は，理由を説明すると納得してくれるだろう。

・臨機応変であるように気を付ける。たとえば，この調査の中心は母親たちだが，先住民の母親の全てが子どもの生物学的な母親というわけではない。先住民の家族では，祖父母，叔母，継母，いとこ，兄弟や姉妹が子どもを養育するのは自然なことである（Dykeman & Nelson, 1995）。それゆえ，焦点となる子どもと同居している女性の養育者はこの調査の対象者として含まれている。同じ理由から，本書に登場するチリ人家族の縦断的調査（第4章）やアフリカ系アメリカ人のランダム化比較臨床試験（第5章）でも，生物学的な母親だけでなくその他の女性養育者も含まれている。

・特別保留地の人々にあなたが保留地に居ることが分かるように，調査開始日よりも数日早く到着する。そうすることで最終

的な詳細について調査アシスタントや部族のメンバーと調整することもできる。もし可能ならば，特別保留地内の家庭に宿泊させてもらうか，保留地の宿に泊まる方が良い。

- 場所へのアクセスやその他の事柄に関してどのように進めるべきかは，調査アシスタントや長老の部族メンバーの方針に従う。著者は調査アシスタントから，部族の男性たちと直接会ってテーブルと椅子のセッティングを依頼するようにと助言された。彼らにはお礼としてタバコを渡した。

- コミュニティのメンバーをできる限り巻き込むこと。先住民の子どもたちがカラフルなポスターを作り，調査会場に掲示してくれたので，そのお礼として何ドルかを渡した。

- お金の使い道は調査者が決めることではないため，部族のメンバーには彼らの時間給を現金で支払う。お金が適切な人に支払われたことを示す何らかの書類を提出するように大学などの事務局が要求することはよくあることで，ときには社会保障番号についても尋ねられることがある。これらの要求には，米国国税庁が関与する懸念を生じさせるものがある。この章の後半では，調査参加者の社会保障番号を聞くことなく支払いをするために大学と取り決めた事柄について述べる。

- 調査対象者からの質問に答える時間をしっかり確保し，自分自身のことや調査を行う理由について快く打ち明ける。部族のメンバーらは，部族の集いなどであなたとすでにどこかで会っているはずである。それでも万が一彼らがあなたについてよく分からない場合は，調査アシスタントや長老からもう一度紹介してもらうとよい。

- メンバーにとって都合が良い時間と場所をインタビューのために確保する。もし必要ならば，車での送り迎えや子守りなども

快く行うこと。

・調査のスケジュールに関しては，特別保留地の生活に参加した
り，文化についてより多くを学んだり，また部族のメンバーが
家族や部族の重要な集いに参加しなければならないときにスケ
ジュール変更をしたりできるよう柔軟性を確保しておくこと。

■データ分析

　賭博行動に関する量的データが統計的に分析され，質的データの
テープ起こしが終了すると，インタビューによって収集された情報の
ほうが，女性の賭博行動に関するより正確な情報であることが明らか
になった。問題となる賭博行動や病的な賭博に関する尺度について低
い値を示した女性たちも，インタビューデータにおいては賭博行動の
本当の程度について包み隠さなかった。このことは，質的データ収
集方法を取り入れた先住民の調査を実施する重要性を物語っている。
我々の経験から，一般的な回答者の好みとして，選択式の質問で構成
される均一化された調査票よりも，自由回答式の質問を通してのほう
が彼らの考えをよりオープンに表現できると原則的には考えている。

　調査対象の部族に特有な言語や文化のニュアンスがインタビューの
書き起こしデータから明らかになった。ここで重要なのは，インタ
ビュー起こしをしてくれる先住民を雇用するか，音声を書き起こした
後，その資料を調査アシスタントか部族の年長者と一緒に見直すこと
である。彼らは，部族のメンバーが伝えようとしていたことをあなた
が確実に正しく理解できるように言語や文化のニュアンスを明らかに
することができる。量的データについても同様である。調査アシスタ
ントと結果を共有し討議する。また我々の他の調査経験からすると，
結果の解釈は，共同研究者や調査参加者を含んだほうがより豊かなも
のになり得る。

■結果の報告

調査結果は部族のメンバーにとって意味がある形で発表される必要がある。この調査の結果は部族のメンバーと共有された。調査者は調査アシスタント，部族の議長，部族評議会のメンバー，数人の調査参加者と結果について話し合いをするためにコーヒーを飲みながら面談した。この話し合いは，調査結果と彼らの解釈について，特別保留地における賭博の全体的な影響に関して，それから研究の将来についての深い議論になった。注目すべきなのは，部族の人々にとって，結果についての顔を突き合わせた議論と比べて，書面形式での報告はさほど重要ではなかったという点である。調査者は調査アシスタントと共同で学会での公式報告の準備を行った。

調査結果の報告を行うとき，客観的な観点を保つことは基本である。ハマーズリーとアトキンソン（Hammersley & Atkinson, 1996）によれば，内部者は調査参加者と親しくなり過ぎることを避ける必要があるという。しかし，反する意見としては，より意味がある解釈が可能になるため先住民の歴史や視点に精通した内部者の観点からアメリカ先住民に関する情報を集める必要があるというものもある（Swisher, 1996）。

■お返しと特別保留地での生活への参加

先住民について調査するとき，先住民の人々へのお返しになるような方法で調査の運営を行う必要がある。「お返しをすること」には先住民コミュニティにおいて文化的価値があり（Garcia, 2000），興味深いことに，それはどのような種類のコミュティを基盤にした調査でも不可欠な要素である。アメリカ先住民である本書の著者の一人は，生命の循環的本質を信じるように育ち，子ども時代が幸福なものであるように特別保留地の多くの人々が影響を与えてくれたことに感謝して

いた。今回は彼らに感謝の意を表すべく著者がコミュニティにお返しをする番であった。具体的なお返し方法の例は，著者自身が行ったいくつかの活動の実例としてこの章の後のほうで述べる。

特別保留地での調査は，調査者と先住民との共同事業である必要があり，調査者が調査参加者の考えや時間を利用するに応じて，資金，技術，雇用，およびまたは訓練などを与えなければいけない（Davis & Reid, 1999）。それから，調査アシスタントにデータの分析やレポート・原稿・学会発表の準備に参加してもらうことは調査結果に正当性を付与する助けになる一方で，調査アシスタントに学術界または研究の世界を経験させることにもなる。このような共同形式の研究は，思っているよりも時間がかかる作業だと留意しなければいけない。我々の経験から言えば，調査者が自分たちの時間の概念を保留することができ，調査アシスタントと先住民コミュニティの両方に，研究は彼らを調査するものではなく，彼らと実施するものなのだという考えに慣れてもらえることができれば，非常に実り多い協力関係と質の高い調査のデザインが可能になる。

特別保留地の生活において積極的な参加者になることは調査者にとって重要である。特別保留地に滞在している間にどう行動するかは，調査の成功にとって決定的な事柄である。ここで言及している調査では，部族メンバーの時間に対して 20 ドルが支払われたが，彼らにとってこの支払いは協力するかどうかを決める最も重要な側面ではなかった。より重要だったのは，困っている人々を助けること（特にお年寄りや子どもに対して），車で送り迎えをすること，他のお願いも聞いてあげること，部族の活動に参加すること，などによって調査者が部族のメンバーとの関係を構築していたことである。この参加するということは，調査を完了させる目的のためだけではなく，心からのものでなければいけない。とはいえ，調査参加者に適切な金銭的な

支払いをしなくてもいいと示唆しているわけではない。たとえ彼らの文化として金銭的埋め合わせなしでも喜んで調査に参加してくれるとしても，支払いはきちんとするべきであると強く思う。この6週間の調査中に調査者がコミュニティに参加したいくつかの例は，若い男性を毎朝サマースクールに車で送ったこと，滞在していた家の配管を修理したこと，埋葬地に木を植えたこと，長老たちの長い昔話に加わったこと，滞在していた家にやって来た2匹の熊に罠を仕掛けたこと，学校の宿題を手伝ったこと，車で買い物や医者に連れて行ったこと，子どもたちとキャンプをしたこと，カヌーレースに参加したこと，パウワウの集いに出席したこと，パン焼き台の設置を手伝ったことなどである。これらの参加活動は全て時間がかかるものだが，それらの活動によって文化についてより深く学ぶ機会が与えられ，効果的な政策や本当に必要な介入方法を考案するより良い助けとなるのである。次に，混合研究法のもう一つの例として，特別保留地における賭博・飲酒・喫煙・薬物使用に関する調査を紹介する。

◆———リサーチクエスチョンと理論的モデル（調査2）

ここまで説明してきた混合研究は，賭博行動と飲酒や喫煙およびまたは薬物使用との依存疾患の研究ではなかったが，インタビューを受けた女性たちは，カジノオープン以降の特別保留地における賭博と飲酒・喫煙・薬物使用の関係について言及した。これらのデータや彼女らが挙げた心配ごとが特別保留地における賭博・飲酒・喫煙・薬物使用に関するフォーカス・グループ・インタビューの実施につながった。「トーキング・サークル」（2006年と2007年）と称される，12歳から78歳までの参加者計49名による8回のフォーカス・グループ・インタビューが行われた（Momper, Delva, & Reed, 2011）。この状況

は，研究の一段階で収集したデータが次の段階に情報を提供し，その段階がまたその次の段階に情報を与えるというように，研究を計画するうえで混合研究法の使用がいかに発展的な過程になり得るかということを示している。この点は，研究の数が少ないだけでなくその中でも「内部者」の観点がほとんど反映されていないような，今まであまり調査されていない人々や多様な集団について研究を行う際には特に重要である。

　この調査では，アメリカ先住民コミュニティにおける伝統的な集団コミュニケーション方法の「トーキング・サークル」であるフォーカス・グループ・インタビューを使用した。加えて，最初のフォーカス・グループ・インタビュー用に司会者と調査アシスタントが用意した計画から，その後のグループ用の計画へと最初のグループから出てくるインプットをもとにして発展させていく創発的デザインが使用された（Morgan, Fellows, & Guevara, 2008）。このような創発的デザインでは，リサーチクエスチョンは調査中に発展し変化することに留意しなければいけない（Creswell, 2003）。以下のリサーチクエスチョンは，調査を始めるにあたって最初に考えていたものである。(1) カジノで賭博を行うアメリカ先住民の人々は，賭博の最中に喫煙，飲酒，薬物使用が増加すると報告するか？(2) 賭博の頻度（回数）や程度（リスクの度合い，問題性，病理性）とアルコールまたは薬物使用の増減には関連があるか？ (3) 喫煙者のギャンブラーやカジノ従業員と比較して，非喫煙者や元喫煙者のギャンブラーやカジノ従業員は，より高い割合で受動喫煙を報告するか？

■プロジェクトの実施

　最初の説明的デザインの調査において収集されたデータから，特別保留地における賭博・飲酒・喫煙・薬物使用についてのフォーカス・

グループ・インタビュー調査に発展した。データをもとにこの調査が最初に概念化された際に，著者は，特別保留地の参加者を対象にした調査を引き続き行う可能性を話し合うため特別保留地に赴いた。

■部族の承認・同意を得る

　上述の調査において協働した部族の長老メンバーに，提案する調査について相談したところ，部族メンバーからのデータ収集における重要な次の段階であると同意してくれた。今回の調査では助手として正式に雇用された以前の調査アシスタントが，提案されている調査について部族の議長と朝のコーヒーを飲みながら話し合いを行った。それからその助手は，必要となる調査承諾書を取得するために部族の議長に直接会うよう著者に助言してくれ，この承諾書は後日実際に取得された。

■文化を仲介する，あるいは，2つの世界に折り合いをつける

　調査プロセスのこの段階で倫理審査委員会へ申請書が提出された。すると，倫理審査委員会は参加者への支払い領収書に社会保障番号を収録するように要求した。すると調査者と先住民を取り巻く歴史的な問題とそこから生じている信頼の欠如に関する議論が発生した。倫理審査委員会のスタッフと話し合った結果，必要な社会保障番号なしで参加者の支払い領収書を提出することが承認された。調査のこの段階において，ソーシャルワーク研究者として，著者には先住民のためだけでなく，学術コミュニティにとっても自分自身は文化的仲介者であるという認識があった。ある特定の手順が文化的に適切でない理由やそれらによって先住民への接触が難しくなる旨を著者がきちんと説明すると，倫理審査委員会のスタッフは喜んで事務上の手続きを補助してくれた。

さらに，助手と最初の2つのフォーカス・グループ・インタビュー
に参加した長老の参加者（後に本章で論じる）が，当初の調査計画書
にあった参加者の年齢制限について，子どもを調査に含めることがで
きないのはなぜかと尋ねてきた。それは，大学の倫理審査委員会から
承認を得ることがより困難になるだろう，という理由からだった。参
加者らの返答は，子どもも含める必要があり，そのような種類の「規
則」に調査を邪魔させてはいけないというものだった。倫理審査委員
会に調査対象年齢を18歳以上85歳以下から12歳以上85歳以下に変
更したい旨を伝えると，その変更はすぐに認められた。子どもを含ま
ないほうが良いという著者の考えは思い込みでそれは誤っていたこと
が分かり，調査デザインは予想以上に迅速に承認された。

■部族メンバーの雇用

　この調査では，調査アシスタントが再雇用されて助手に昇進した。
この人物は大学が必要とする学歴を有していなかったので，著者は大
学の人事部に対して昇進について正当化しなければいけなかった。彼
女の人生や調査経験に関して書類を作り，先住民社会において生きた
体験があることや長老であることがどれほど重要かを説明した短い文
書と共に大学に提出して受理された。それから，大学の一時的被雇用
者になるための事務書類を記入するように助手は要求された。一連の
過程において，この段階すらも困難なものだったが，運よく著者は別
件で特別保留地を訪れなければいけなかったので，そのときに事務書
類の記入を手伝い，またその書類が必要な理由を説明することもでき
た。これが，調査プロセスの中で調査者の助けが必要になるかもしれ
ない1つの段階である。問題なのは，書類の形式が複雑だということ
よりもむしろ，それらが先住民の人々から介入的であると見られるこ
とである。フォーカス・グループ・インタビューの書記の役割も担っ

た特別保留地出身のオブザーバーも同様に，調査を補助するために雇用された。

■文化的に適切な調査方法のデザイン

　合計8回の各1時間半から2時間のトーキング・サークルが実施された。この文化的に適切な方法によるフォーカス・グループ・インタビューは，先住民である他の調査者によっても首尾よく使用されてきた。経験を伝えるため歴史的に口頭伝承に依拠してきた先住民にとって親しみやすい方法だからである（Ambler, 1995; Becker, Affonso, & Blue Horse Beard, 2006; Hodge, Fredericks, & Rodriguez, 1996; Montejo, 1994; Strickland, 1999）。留意して欲しいのは，これらはスピリチュアルな意味でのトーキング・サークルではなく，全ての参加者にとって親しみやすいためにトーキング・サークルの形式を使用したという点である。最初の2つのグループは2006年12月に部族の長老たちにフォーカス・グループ・インタビューについて紹介し，調査デザインに関して彼らの意見を得るために実施され，残る6つのグループは2007年4月に行われた。（フォーカス・グループ・インタビュー参加者の選択には）助手，オブザーバー，部族の長老女性の意見を参考にして有意サンプリングが用いられた。長老たちは先住民コミュニティの重要な情報源であるため，彼らと早いうちに関係することによって，長老の指導を頼みにしている他の部族メンバーへの接触が確かになるからである。

■データ収集

　助手は部族の議長や運営スタッフと共に，トーキング・サークルのために人々が集う場所を設定した。調査プロセスのこの段階において，外部からの調査者は「時間通りに」といった時間に対する信念を

自分から進んで捨て去り，フォーカス・グループ・インタビューは開催されるだろうが，参加者は時間通りに来ないかもしれない，ということを理解するべきである。調査対象者に対して配慮するということは，これらの事柄に対して気楽かつ柔軟になれることを意味している。実際，大学が部族の保健指導者たちのために最近主催した先住民との集会では，全ての時間が定められていた。大学側の司会者は，先住民に時間の制限を押し付けないように言われていたが，集会を通してずっとスケジュールを守らせ続けた。これは先住民の人々にとって，「時間」の含意について支配的な考えに服従することを意味し，とても居心地が悪いものであった。

　この調査においては，著者は幸運にも自分の文化について知っており，最初のグループのセッションや次のセッションが時間通りに始まることはないだろうと分かっていた。たとえば，最初のグループセッションは会議室で行われる予定で，その部屋の鍵はセッション前にスタッフが渡してくれるはずであった。開室時間外だったので，そのスタッフは部屋のドアを開け，そして参加者を入れるためにビルの正面のドアも開けてくれるはずであった。しかし，その人は家族が病気になったためにセッションに来られなかった。この時点で研究助手が予定とは違う適当な部屋を見つけてくれ，参加者を部屋に招き入れるために，横から入る通路に若者が配置された。セッションは時間通りには始まらず，また，全員が時間通りに来たわけではなかった。しかし，この状況はより多くのインフォーマルなコミュニケーションが起きる機会になった。たとえば，参加者は著者や助手，オブザーバーと調査について話す時間が持て，同意書についてしっかりと検討することもできた。さらに，録音機材を確認する時間もあり，助手は参加者用の食べ物を準備する時間が持てた。参加者は家族や友人たちの近況を知ることもできた。必ずしも特定の時間枠や調査の方式に則ってで

はないが，どちらにせよセッションは開催されるということを受け入れる能力が，プロジェクトが無事に完了したことに貢献したといえる。参加者全員が到着し，口頭と書面で説明された同意書にサインをする時間が設けられると，質疑応答があり，それから，他の参加者が提供する情報を守秘することの重要性が説明された。注目すべきなのは，時間に柔軟であったことによって，最初に来てすでに全ての必要書類の記入を済ませていた参加者が，後から来た人に同意書について説明することを買って出てくれたことである。

　最初のセッションの半ばで，喫煙をするために外へ出て行った人がいたので，次のセッションでは喫煙休憩がスケジュールに組み込まれた。皮肉なことに，このプロジェクトはミシガン大学タバコ調査ネットワークからいくらかの研究資金の助成を受けていたが，我々は参加者を喫煙休憩に行かせないわけにはいかなかったし，また，贈り物として長老の参加者に儀式に使用する葉タバコを贈呈しないといけなかった。

　進行役が情報を引き出す積極的な役割を担う典型的なフォーカス・グループ・インタビューとは異なり，トーキング・サークルでは長老に従うことで進行役はその役割を控える。部族の参加者たちは机のまわりに円になって座り，全員が平等に発言の機会を持ち，長老たちは邪魔されることなく好きなだけ話をすることが許された。もしも長老がその知恵を他の参加者と共有しているときに，進行役や若いメンバーがそれを制止するのは不適切なことである。そうできる唯一の人間は他の長老だけである。以下の5つの質問を含む最初のフォーカス・グループ・インタビューガイドがこのセッションでは使われた。(1) 我々はこの部族の人々が賭博についてどのように考えているかについてもっと理解しようとしています。そのことについて話してもらえますか？ (2) 我々はこの部族の人々が喫煙についてどのように考

えているかについてもっと理解しようとしています。そのことについて話してもらえますか？（3）我々はこの部族の人々が飲酒についてどのように考えているかについてもっと理解しようとしています。そのことについて話してもらえますか？（4）我々はこの部族の人々が薬物使用についてどのように考えているかについてもっと理解しようとしています。そのことについて話してもらえますか？（5）もしあなたが特別保留地における賭博・喫煙・飲酒・その他薬物使用についての研究を行うことができるとするとどのように行いますか（参加者の編成，質問内容，量的または質的のどのような形式で）。部族のメンバーであるオブザーバーはセッション中に非言語行動をノートに書きとめ，誰が何について話しているのかを記述し，引用句を一覧にし，グループ内の交流を詳細に記録した。この最初のグループセッションの後に，このセッションでの非言語行動，議論，印象，グループ内の交流から今後のトーキング・サークルの計画へ発展させることができるように，最初のグループセッションの後に調査チームは報告会を行った。

　この創発的デザインアプローチは，フォーカス・グループ・インタビューにおける比較的新しい概念である。モーガンら（Morgan, Fellows, & Guevara, 2008）は「グループ間の創発」を，最初のセッションでは主任研究者／進行役がディスカッションをどのように進めるか予定を立てるが，後に続くセッションの計画は先のセッションの解釈や分析結果から発展させる方法と定義している。この調査における創発的デザイン方法として，グループのメンバー編成，質問の内容，適切な進行スタイルなどについて，最初の2つのグループに参加した長老たちが，続く6つのセッションのために意見することを認めている。調査コミュニティと先住民の間には歴史的に見てあまりにもしばしば疑念に満ちた関係が生じてきたので，この方法は先住民の

人々にとって特にふさわしいものであった。先住民の側の懸念を和らげるためにもこの調査は相互協力的な方法で行われ，部族メンバーが調査にしっかりと参加できるように十分な時間をかけた。

　最初の2つのグループに参加した長老たちは，子どもも研究に含めるべきであり，トーキング・サークルは性別と年齢によって分けるべきだと要求した。創発的デザインでは，これを「セグメンテーション」と呼び，様々な見解が現れるのを可能にする（Morgan, Fellows, & Guevara, 2008）。また，彼らは，選ばれた人々を複数のセッションに呼ぶことも要求したが，これはフォーカス・グループ・インタビューにおけるマルチステージアプローチと一致した考え方で，参加者がより快適に話すことを可能にするものである（Morgan, 2006）。先住民の人々は，一定の程度まで居心地が良くならないと話し出さないことがあり，それが起こるのがセッションの最後になるかもしれないので，このマルチステージアプローチによって参加者全員の意見を取り入れることが保証された（Strickland, 1999）。さらに，長老たちが「若者の案内役となる，より知識を持っている長老が誰か必要だ」と言ったので，ある女性の長老は5つのトーキング・サークルに参加した。しかしこの女性は家族が病気になり看病をしなければいけなかったので，全セッションに参加することはできなかった。この出来事も，先住民の人々を対象にソーシャルワーク調査を行う際の重要な要素である。参加者には家族や参加しなければいけないコミュニティの集いがあることを理解し，予期する意欲が必要である。つまり，先住民の文化では，家族やコミュニティは他の何よりも優先されるものである。あるトーキング・サークルの参加者が，オキシコンチン［麻薬性鎮痛剤］の使用に関して特に話し合う場を持ちたいと要求したので，助手と女性の長老はこのグループについては長老の同席なしでディスカッションを行うことを許可した。

それぞれのトーキング・サークルの前に参加者は人口統計学的属性にまつわる質問票（年齢，性別，婚姻状態，学歴，雇用状態，世帯収入）を記入した。部族の人々が「宴会」を設けて集まるときのように，食べ物も提供された。ディスカッションはデジタル録音され，全ての参加者に対して彼らの時間や他のグループメンバーと積極的に意見を共有してくれたことに対して50ドルが支払われた。

■データ分析

　この調査で収集されたデータは，オブザーバーによる記録や報告メモとともに，一語一句をそのまま書き起こした発言テキストによって構成される。著者は音声起こしのために人を雇用したが，その人物が先住民ではなく先住民文化について詳しくなかったために，文化や方言のニュアンスが適切に解釈されていないことに後になって気がついた。たとえば，一般的には「神」と呼ばれるかもしれないものを表す霊的な単語である「創造者」という概念について音声起こし者は馴染みがなかった。さらに，その女性は自分が理解できなかった言葉を否定的に書き起こしたようで，そのためテキストの文脈が先住民に対する肯定的な見方から否定的なものへと変化した。著者は，正確なデータを得るために全てのテキストを再度書き起こすことにした。この経験によって，調査プロセスのこの段階を完了するためには，方言や文化に熟知している人が音声の書き起こしをすることが重要だと学んだ。トーキング・サークルの全テキストは，重要なフレーズ，パターン，テーマを特定するために内容分析の手順にしたがって分析された（Krippendorff, 2004）。テーマとは，データの中に見られる概念を描写し組み立てるパターンのことである（Boyatzis, 1998）。最初に本章の著者が，次に先住民で博士課程の大学院生が書き起こしテキストを読んで議論の内容を全体的に理解し，そして見落としがないかど

うかを確かめるためにオブザーバーによる記録と報告メモとも比較した。次に，著者それぞれが別々に手作業でテキストにコード付けをして，参加者によって共有されている情報の最も重要な側面を明らかにした。手作業でのコーディングの内容は，テキストの一部分をハイライトして余白にコードを記入していく作業である（Drisko, 2004）。互いのコードを一致させた後，NVivo という，ユーザー作成のコードリストを用いてテキストをコード化し，そのコードの頻度や位置を特定する定性分析ソフトウェアにデータは取り込まれた（Richards, 1999）。最後に，我々は手作業と NVivo によるコーディング両方から現れた中心となるテーマを同定するために集まった。さらなる議論が発生したが，著者と先住民の大学院生はグループの包括的なテーマについて合意した。

■結果の報告

　この調査で得たデータは，このプロジェクトで一緒に働いた部族のスタッフや他の主要な部族メンバーとも共有された。この時点で，薬物使用の普及率や現状認識など特別保留地の社会福祉スタッフにとって重要ないくつかの情報は，参加者が特定できないようにして共有することが決定された。これらの情報は，治療介入を行う資金を得るための補助金申請書を書くときに使用できるからである。先住民の人々を対象とする調査の報告で重要なことは，情報がソーシャルワーカーや他の専門家による追加情報の収集，または必要になるかもしれない予防や治療介入，処置プログラム用の資金申請の助けになるように迅速に行うことである。

◆───終わりに

　この調査から得た情報に基づいて，混合研究法によるさらなる調査が特別保留地のコミュニティの全面的な支援のもとで準備されている。現時点では，調査のための助成金にねらいをつけているところである。これらの混合研究法による調査の一つには，ランダム化比較臨床試験（第5章で議論されるトピック）の進行を助けるための，数百もの先住民家族を対象にした集落抽出法と層化抽出法（これらのテクニックに関するサンプリングや分析に関しては第3章で記述）を組み合わせたものが入っている。

　先住民の人々が，彼らにとって意味をなさない調査票を記入するようなことがあまりに頻繁にあったので，彼らの生活についてより良く理解するために量的・質的両方の方法を使用するのは実に適切だ。先住民についてのどのような研究においても，標準化された測定道具を適切に改訂し言葉によるものや質的な側面を付け加えることで，先住民の人々はより自然に回答できるようになるのだ。著者が行った調査やソーシャルワーク研究者としての交流から，先住民の人々は調査に参加したがらないという一般的な認識とは異なり，彼らは調査に必ずしも反対してはいないということを学んだ。問題なのは，彼ら「と」ではなく，彼ら「を」研究してきた伝統的な調査方法なのである。

　要約すると，この章では文化的配慮のある方法で混合研究法による調査を行う手助けとして，特別保留地において先住民の人々といかにして2つの調査を行ったかについて記した。優位にある文化と先住民の文化の間のギャップの橋渡しをすることは，そのプロセスに参加する者全員とまた社会全体を豊かにする旅なのである。

第3章

人口集団に基づく大規模な
標本調査の実施

　特定の行動・問題・信念・態度・認識がどの程度存在しているかを
調べ，それらが人口集団の特徴（ジェンダーや年齢集団など）によっ
てどう分布しているかを説明し，そしてまた，他の行動・問題・信
念・態度・認識とどのように関連しているかを理解するために，人口
集団に基づく多くの調査が世界中，とりわけアメリカ合衆国で実施さ
れている。これらの研究の重要性は，ある問題がどのくらいの規模で
存在しているか，そしてその問題が，異なる要因やあるいは同じ要因
に違った形でさらされている様々な集団のあいだでどう異なっている
かを特定できる点にある（Kish, 1965）。

　大規模で偏りがないサンプルを用いた調査は，結果を母集団に一
般化するために必要とされる。アメリカ合衆国におけるきわめてよ
く知られた人口調査には，アメリカ疾病管理予防センターが研究資
金を助成する健康と栄養全国調査（National Health and Nutrition
Examination Survey, NHANES, http://www.cdc.gov/nchs/chanes.
htm），若者のリスク行動監視システム調査（the Youth Risk Behavior
Surveillance System, http://www.cdc.gov/HealthyYouth/yrbs/
index.htm）などがある。また，その他の大規模調査には，ともに国
立薬物乱用研究所の資金による，未来モニター調査（the Monitoring

the Future, MTF, http://www.monitoring-thefuture.org）や薬物使用と健康に関する全国調査（the National Survey of Drug Use and Health, NSDUH, http://www.oas.samhsa.gov/NSDUHlatest.htm）、国立精神衛生研究所の助成による精神医学と公衆衛生共同調査（the Collaborative Psychiatric Epidemiology Survey, CPES, http://www.icpsr.umich.edu/CPES）などもある。これらはアメリカ合衆国に数多く存在するこうした調査のうちの数例にすぎない。この章では，中南米諸国において行われた薬物使用についての学校を対象とする大規模な調査を例として使用し，人口集団に基づく調査の実施について説明する。ここに含まれる国々は，コスタリカ，ドミニカ共和国，エルサルバトル，グアテマラ，ホンジュラス，パナマ，ニカラグアである。調査の方法はエティック・アプローチに従った。プロジェクトの主な目的は，各国間または各国内における文化的に特有な情報を特定することではなく，学校に通う若者たちの薬物使用パターンに関する詳細な情報を得ることにあった。この情報は，各国政府が学校に通う人たちを対象に予防対策のための財源をどう重点配分するかを検討するために提供された。エティックなアプローチを使用したにもかかわらず，調査票や調査の方法についてそれぞれの国で予備調査が施され，調査票は現地の言語に翻訳された後に再度英語に翻訳されてから，各国の共同研究者やその他の人々（教師やスクールカウンセラーなど）の意見を取り入れて調整された。これらの作業に 1 年以上の時間が費やされた。

　このプロジェクトの目的が，通文化のレンズを通して薬物使用に関する疫学調査を行う意図ではなかったにもかかわらず，調査の実施には，配慮が非常に必要なものを含む文化的・地理的状況を共同研究者が舵取りしなければいけなかったいくつもの活動を含むため，本書ではそれらの事柄についても議論する（Delva & Castillo, 2010）。これ

らの例を通して，複雑な多国家プロジェクトの内部の仕組みについて読者のみなさんがより良い理解を得るよう望んでいる。具体的には，リサーチクエスチョンの形成を導いたもの，理論的モデル，プロジェクトの開発と実施について述べる。さらに，第1章で言及し第2章でも示したとおり，この研究において特に強調したい少なくとも2つの重要な側面について議論する。第一に，国の研究者と国際機関がパートナーシップを構築する重要性を強調する。この議題には調査対象者のプライバシー保護の問題に関する議論も含む。第二に，統計分析を実行する際のサンプルのクラスター化を取り扱う検定力分析や分析ストラテジーについても説明する。我々はこれら2点が標本調査を計画する研究者の助けになると信じている。

◆───リサーチクエスチョンと理論的モデル

　中南米における薬物使用についての情報は，1990年代，あるいは21世紀初頭においても主に入院報告書，診療所，捜査・交通事故報告からのデータに依存していた（Caris, 1992）。アルコール消費者における入院パターン，治療サービスの利用，犯罪統計などを研究することは，これらの問題を経験する人々の疾病負担や一般人口に対する社会・経済的な影響ゆえに大変重要である。しかし，彼らは一般の人々の代表ではない。言いかえれば，飲酒をするほとんどの人は，アルコール依存症の診断基準に当てはまる人々のようにはアルコールを消費しない。さらに，これらのデータは全ての病院，診療所，捜査報告から体系的に集められたものではなく，また適切な方法による抽出ではなく恣意的サンプルに頼っている。従って，米州機構全米麻薬濫用取締委員会（スペイン語でOAS-CICAD）は，薬物使用についての国策に対してより確かな情報を提供し，この知識のギャップを埋め

るためにいくつかの取り組みを発案した。その1つが,「薬物問題により効率的に取り組むための34米州機構メンバー国における協調,対話, 連携の拡大を目指して」(http://www.cicad.oas.org/MEM/ENG/About.asp)として1992年に作成された多国家間評価メカニズム (Multilateral Evaluation Mechanism) であった。2つ目はアメリカ合衆国の研究者が関係したもので,国立薬物乱用研究所 (NIDA) への競争的研究資金申請書の提出であった。この章において述べるのはこの2つ目の試みについてである。これは,当時ジョンズ・ホプキンズ大学に在籍していたジェームス・アンソニー (James Anthony) 教授が率いるプロジェクトで,米州機構全米麻薬濫用取締委員会や7ヶ国の研究者との協力関係を含んでいた。この研究は,中南米の学校に通う若者の薬物使用に関するかつてない多国家調査であった (Dormitzer et al., 2004)。本書の著者の一人であるデルヴァ (Delva) は当時プロジェクトマネージャーとして日々の運営を任されていた。

この研究を導いた理論的モデルは,若者の薬物利用の可能性を増加させるかもしれない要因(リスク要因)と薬物利用を減らす,または薬物使用から若者を守るかもしれない要因(保護要因)を把握するためのリスク・保護要因アプローチであった。それはまた,リスク・保護要因が,単独であれ組み合わせであれ,薬物使用の開始時期や消費パターンの違いと結びつく道筋を調べられるようにもした (Hawkins, Catalano, & Miller, 1992; Newcomb, Maddahian, & Bentler, 1986; Werner & Smith, 2001)。さらに,リサーチクエスチョンを形成するにあたりアンソニーが支持する疫学の4つの基本的ルーブリックに従った (Anthony, 2002; Anthony & VanEtten, 1998)。これら4つのルーブリックとは,薬物使用の有病率と発生率,また,それらの個人による違いの(たとえば,人口属性別の分布)問題に取り組むこと,病因学的な基礎を理解すること,若者が薬物使用開始から悪質な使用

56

へと進む潜在的なメカニズムを特定することから構成されている。次に，このプロジェクトの開発と実施の鍵であると思われる側面について説明する。

◆———プロジェクトの実施

　国立薬物乱用研究所によるこのプロジェクトに対する研究資金の助成が決定する前に，資金獲得への前段階となったいくつもの活動が10年前からすでに行われていた。薬物取引や薬物消費の問題に取り組む任務の一部として，米州機構全米麻薬濫用取締委員会は，南米諸国が薬物使用についてのより正確で信頼性があるタイムリーなデータを得るために継続的に使用できる体系だったデータ収集メカニズムの開発を計画してきた。この期間に発展した薬物使用研究に興味があり，調査経験もある人々がネットワークを作り，結果として，薬物使用の学校調査を行うアイデアが出現した。このアイデアがまだ発展途中の時期に彼らはプログラム評価プロジェクト，二次データ分析，論文の執筆などを介して様々な種類の協力関係に従事していた。調査者の何人かはその前から教育を続けるためにジョンズ・ホプキンズ大学に通っており，そこでアメリカ合衆国の研究者との密接なつながりを構築していた。このプロジェクトが資金を獲得した頃には，人々の間に最低でも10年間におよぶ研究計画や協力関係があったのである。

　時間をかけて構築された専門的・個人的な関係がなかったら，このプロジェクトは実行不可能だったと強調することは重要である。大規模な多国間プロジェクトが研究資金を獲得できたのは，良き科学と，共同研究者の緊密なネットワークのたまものであった。研究者たちが一緒に仕事をして費やしてきた時間がなかったら，このような大規模なプロジェクトは成功していなかったであろう。この長期にわたる関

係の構築は，まさにかなりの投資を必要とするプロセスであり，この
ことはアメリカ先住民のコミュニティと相互に利益ある協力関係を構
築することを強調した第2章の内容と酷似している。このような種類
の長期的な関係は，異なる人々や機関の間でのものだが，第4章で述
べるチリのサンティアゴにおける薬物使用の縦断的研究の実施におい
ても間違いなく必要だったことである。

■調査対象者の保護

　このプロジェクトはアメリカ合衆国の団体である国立薬物乱用研究
所から研究資金を助成されたため，調査参加国にはアメリカ合衆国の
被験者保護に関する規則が適用された。それはつまり，合衆国の審査
委員会だけでなく，対象国の審査委員会もプロジェクトを審査し承認
しなければいけなかったということである。このことは，被験者保護
の基準や標準を現地に適用することを可能にするという点では良い考
えだった。しかし，それぞれの国の審査委員会はアメリカ合衆国の作
業手順に従う必要があった。これらの手順の一つには，審査委員会の
メンバーを男性や女性，調査者や非調査者，コミュニティの代表者な
どを含み多様であるようにするという条件が含まれる。審査委員会を
設置していない国は，メンバーの選定条件や作業手順（申請書がどの
ように審査され，採決されるか）などをアメリカ合衆国の基準に従っ
て設立しなければいけなかった。これらの規制に対して3種類の反応
があった。ほとんどの研究者はこの負担を歓迎した。彼らは，基準が
追加されることで機関内の被験者保護手続きが改善される良い機会で
あるとこの状況を把握していると表明した。審査委員会がない国の研
究者は，国の（ごく最近まで続いた）人権侵害の歴史に照らして，国
がもっと被験者保護の問題に関心を払えるように，そうした機関を設
置する機会を待ち望んでいた。他方，2名の研究者はこの知らせを良

く思わなかった。彼らはこの状況をアメリカ合衆国による内部干渉の新たな一つのケースとしてとらえた——それは非常に適切な懸念である。全ての研究者による広範囲の議論を経たのち，現地の審査委員会の承認が得られなかった場合にはその国への研究資金の助成がなくなるかもしれない，という現実的な問題への懸念もあり，研究者たちはアメリカ合衆国の手順に従うことに同意した。最終的には，10名の共同研究者のうち1名のみがプロジェクトに対してなんらかの留保をし続けたが，同僚の協力のもと担当する国のプロジェクトを率いて立派に仕事をやり遂げた。この課題を成し遂げるために幾度も食卓を囲み，十分な交流がもたれた。最後に，研究者の反応の3つ目のカテゴリーはこれらの負担に無関心な人たちだった。基本的に，これらの人々はあらゆる意味において「追加の」審査委員会の要求に悩まされてはいなかった。彼らは，それらの要求を調査のなかで注意を払わなくてはいけないまた一つ別の側面であると考えただけであった。

　プロジェクトの実施はまた，継続的なコミュニケーションを核とする何時間にもおよぶ調整を含んでいた。かなりのコミュニケーションが電子メール，アメリカ合衆国の研究者による参加国への出張，各国の研究者のアメリカへの出張（より高額になるため頻繁には行われなかった），電話やファックスなどを通してもたれた。発展途上国で仕事をしたことのある人なら誰でも国際電話をかける際の物理的・経済的な制約が分かるだろう。実にしばしば電話線が長距離電話用に設定されていないことがあり，国際電話をかけることが可能な電話を使用するための特別な承認が必要となる。もし緊急の問題があったとしても単に受話器を手にとって電話をかければよいというわけではない。それゆえ，我々はしばしば電子メールに頼るか，または自分自身の電話を使用して自費で国際電話をかけることになった。最近では，スカイプのようなインターネット・コミュニケーションプログラム，

すなわち，ビデオカメラを使える電話会議を通して無料の国際コミュニケーションを可能にするものの発展によって，国際的な仕事は格段に楽に行えるようになった。実際，これは次の章で述べるチリのサンティアゴにおける縦断的プロジェクトで使用された主なコミュニケーションツールであった。

　この研究を導いた理論的モデルやリサーチクエスチョンを詳述し，導入活動の例をいくつか示したので，今からプロジェクトにおいて鍵となる2つの調査面の構成要素についての議論に移る。これらは，この種の研究に必要な検定力分析に関するいくつかの重要な側面の詳しい記述や，このような種類の調査デザインやデータのための統計アプローチについての概論を含む。調査票の作成，調査の実施，人材トレーニング，データ入力やデータチェックなど，この章で取り扱っていないプロジェクトの側面については他の箇所で述べる。この人口集団に基づく横断的調査においては，クラスターデータのための検定力分析や統計分析を強調することが重要だと我々は考えている。なぜなら，我々の経験から，標本調査になじみがないほとんどのソーシャルワークやその他の分野における多くの研究者は，標本調査の重要な細部について認識していないためである。

◆───検定力分析とクラスターデータを分析する際の統計的問題

　我々が行った検定力分析に関する情報は，同様の研究を実施しようとしている人々にとって価値あるものであろう（ここで提示したケースのような複雑な検定力分析の推定は，予定しているサンプル抽出デザインの検定力分析について専門知識を持った統計学者と協力して行うことが常に重要である）。通文化的要素についての議論は，この多国家プロジェクトの調査デザインにおいて検討されたことではないの

でこの節には含めていない。しかし，今後の研究において考慮されるべきである特定の人口集団（マイノリティ）に影響を及ぼす問題については議論を行う。

よく知られているとおり検定力分析は，(a) サンプルサイズ，(b) 効果量（関連の強さ），(c) α レベル（第1種の誤りが起きる確率を許容できるレベル——帰無仮説が真であるのに誤って棄却してしまう確率，つまり，本当は有意でないのに誤って統計的に有意であるとしてしまうこと），(d) β レベル（第2種の誤りが起きる確率を許容できるレベル——帰無仮説が真であるのに誤って棄却できない確率，つまり，観察できる違いが存在するにもかかわらず，それを統計的に有意であると検出できないこと），(e) 予定している分析，についての情報を必要とする（Cohen, 1988）。検定力分析においてさらに考慮すべき事柄は，(f) 調査デザインのタイプ（縦断的なのか横断的なのか）や (g) データがネストされているか（クラスター化）否か，などを含む（Cochran, 1997; Kish, 1965）。中南米で行われた研究では，項目 a から f は考慮されている。項目 g に関しては，その当時は前もって補正を施せるようなクラスター化の程度に関する情報が存在しなかったため，サンプルサイズの計算において考慮されていない。だがこの章では，サンプルサイズの選択をより効果的に行うためにクラスター化の程度を考慮する方法の一つについて説明する。

横断的デザインの調査を用いての研究で，二分変数の従属変数（生涯のうち，昨年1年間のうち，過去30日のうちの学生の薬物使用経験の有無）についての予測や説明を行う数多くのリサーチクエスチョンの検証が含まれる場合，検定力分析には，上に挙げた f までの項目に加えて，もう一つ手続きが必要となる。リスクにさらされるオッズについての考慮である。表3.1が示すように，従属変数が二分変数であるために必要だったのである。表のデータの一部は，中南米での研

究資金を申請するために国立薬物乱用研究所へ提出した調査計画書と
著者の一人（デルヴァ）が中央アメリカでの調査を行うために同研究
所に提出した他の調査計画書からとったものである。

表 3.1 サンプルサイズを 2,400 と仮定した場合に，有意に検出できる従属変
数（昨年のマリファナ使用）とリスク要因（マリファナを吸う友達がいること）
との関連の強さ（オッズ比）

| リスク要因に | 薬物使用普及率 | | | |
さらされるオッズ	1	10	25	50
50：50	3.3	1.4	1.3	1.3
30：70	3.1	1.5	1.3	1.3
5：95	5.0	2.0	1.7	1.6

注意：セル中の数値は，マリファナ非使用者（疫学専門用語でいう非ケース）のあい
だで，マリファナ普及率とリスク因子へさらされるオッズを様々に変化させた際，慣
例的な有意水準である 0.05 レベルで 80％の確率をもって統計的有意性が検出できる
オッズ比である。最近では，先に説明したような異なる設定のもとでのサンプルサイ
ズ曲線を推定する多数のソフトウェアプログラムが存在する。上記の分析はサンプル
数 2,400 を想定している。より大きなサンプルサイズではより高い，より小さいサン
プルサイズではより低い検出力が生じる。上のような表を作り様々な設定のもとでの
サンプルサイズを書き出してみることは，サンプルサイズの決定のみならず，追加資
金を投入して調査参加者をリクルートすることがどのサンプルサイズにおいては非効
率的であるかを知るために非常に役立つ。ウェブ上にも何種類ものユーザーフレンド
リーな検出力分析プログラムがあるので試してみると良いだろう。

　表 3.1 が示すように，調査対象母集団において，マリファナを吸う
若者が 1％で，吸わない若者が吸う友達と吸わない友達にさらされる
オッズがそれぞれ 50 対 50 だと想定すると，オッズ比 3.3 またはそれ
以上において，慣例的有意水準 0.05 で統計的に有意であると考えら
れる。言いかえれば，母集団の 1％がマリファナを吸っていて，ある
若者が吸う友達と吸わない友達にさらされるオッズがほとんど同じで
あるとすれば，リスク要因（吸う友達にさらされること）と従属変数
（マリファナを吸うこと）の間の関連の強さ（オッズ比）が 3.3 かそ

れ以上で慣例的有意水準の a レベル 0.05 において 80％の確率をもって統計的に有意であることが検出できるということである。

　表 3.1 はまた、マリファナを吸わない人がリスク要因にさらされるオッズが減少するほど、a レベル 0.05 において 80％の確率をもって統計的に有意であることを検出するためにはより高いオッズ比が必要になることを示している。一方で、マリファナ使用が普及するほど、同じ検定力の条件において、より低いオッズ比でも統計的に有意であると検出することができる。たとえば、リスクにさらされるオッズが50 対 50 であっても、マリファナを吸う若者の割合が 50％の場合は、同じ検定力の条件においてオッズ比 1.3 かそれ以上で統計的に有意であると検出されるだろう。

　これらのデータは、ある事象がありふれていればいるほど、そしてそれに関連する潜在的リスクまたはそこから遠ざける要因がありふれているほど、事象を検出することが容易になるということと一致している。逆に、まれにしか起きない出来事の間の関連を検出するのはより難しい。これらのデータはまた、ひとたびある行動の普及率が 20％から 25％程度にまで達すると、統計的に有意であると検出できる関連の強さは、それよりも高い普及率の場合と比べても相違がないということも示している。母集団全体に結果を一般化する目的で標本調査を行う場合に、非常に大きなサンプルが必要になるということの重大さもこれらのデータは強調している。それゆえ、こういった研究ではオーバー・サンプリングを行う特別な努力がなされない限り、人種的・民族的マイノリティやその他不利な条件に置かれた集団（社会・経済的地位が低い人々、非行集団に属す若者たちなど）の回収率が低くなったり、あるいはまったくもれてしまったりするのはよくあることである。この調査においては、これらの人々のオーバー・サンプリングを可能にする多国家プロジェクトを設計することは費用の面

で論外であり，調査が設計されたときに全ての共同研究者がこの状況を理解していた。マイノリティ集団，文化的集団，不利な条件に置かれた集団の代表をより偏りなく確保できたであろう調査を設計したかったとはいえ，国家政策のより良い情報源として，当てになり信頼できる情報を求める国家の必要を考えると，それでもこの研究は適切なものであると考えられた。今後は，それぞれの国においてサンプルに含まれる割合が低い人々における薬物使用のパターンを把握できるような調査を設計する必要があることが確認された。また，尺度は翻訳・逆翻訳され，質問の表現において多少の柔軟性を許容するような修正を施しながらも，国家間の比較ができるように標準化を行い，各国に特有な文化的要因を具体的に測定しうる質問は含まなかった。今回の研究のようなエティック・アプローチを使った調査の場合，調査票の答え方に国による違いがあるかどうかを事後分析し，もし違いのパターンが表面化する場合は，潜在的な文化的差異を指摘することができる。そういった分析は項目応答理論や検証的因子分析によって検証できるであろう。たとえば，国やその他の特徴によって質問に対する学生の回答がどのように異なるのかを調べ（Reise, Widaman, & Pugh, 1993），追って類似点や相違点について知見を提供する質的プロジェクトを実施するような場合である。多様な文化・国・人口を対象にして人口集団に基づく標本調査を行う際に調査者が直面する方法論的問題についてより詳しく知りたい読者には，ハークネスら（Harkness, Van de Vijver, & Mohler, 2003）編集による『文化横断調査法』（*Cross-Cultural Survey Methods*）をお勧めする。

　このセクションをしめくくる前に，サンプル数として 2,400（表 3.1 で示した仮定のサンプルサイズ）が求められる場合に，調査への参加率が 80% で，そのうち 95% の参加者が調査票を完全に記入する（つまり 5% の調査票は使用できない）と見積もると，3,000 を多少上回

る（3,158 ケース）若者のサンプルが必要になることを再認識しても
らいたい。つまり，実際に 2,400 の若者のサンプルを得たい場合，こ
の希望するサンプル数をそれぞれの割合（0.8 と 0.95）で割るとサン
プル数は 3,158 になる。言いかえれば，もしも 3,158 人の若者にコン
タクトしたとしても，20%は参加を拒否し，そして参加者の 5%から
は「質の悪い」データが提供されるだろうということである。それゆ
え，もし 2,400 が最適なサンプル数だとすれば，3,000 名以上の若者
を募集する必要があるだろう。これは，プロジェクトの様々な段階に
おける情報の損失（たとえば，抽出リストの中からコンタクトできる
割合，コンタクトできた人の中から参加者としての基準を満たす人の
割合，基準を満たした人の中から実際に調査に参加する人の割合，参
加した人の中から調査票に正しく記入する人の割合など）を考慮しな
がら，調査者が必要な資金の見積もりを簡単に得ることができる便利
な公式である。

　読者のみなさんはこれで，文化的なマイノリティ，不利な立場に置
かれた人々，遠隔地に住む人々を偏りなく確実にサンプルに含めるた
めには，非常に多数の若者のサンプルが必要になることが分かるだろ
う。これらの調査を行う費用は発展途上国のほうがはるかに安いとは
いっても，アメリカ合衆国での先に述べたような全国標本調査にかか
る予算は，発展途上国において計上し得ないことは確かである。米州
機構の支援によって，いくつかの地域を継続的に抽出し，場合によっ
てはあまり研究されていない地域に焦点を絞るなどして，世帯調査と
学校調査を交互に実施できている国もある。もちろん，市場調査や街
頭調査，民族誌的調査，国勢調査のデータ分析など特定の人々の行動
を研究する方法は他にもたくさんある。我々がこの章で討議したの
は，母集団に一般化できるデータを収集することを目的とした大規模
な横断的調査の有利な点と不利な点である。

■データのクラスター化

　検定力分析を行う際に，統計的な有意差を検出する能力に影響を及ぼす，サンプルにおけるクラスター化の程度を考慮に入れることもまた重要である。「クラスター化」とは，社会的背景や文脈を共有していることによって，調査参加者の回答が互いに完全に独立していないことを意味している。たとえば，同じ学校に所属し社会的な文脈を共有しているために，同じ学校に通う子どもたちの薬物使用に関する回答は，他の学校の子どもたちの回答と比べて似通っているだろう。同じ学校に通う子どもたちの回答が，共通の空間に属し，また他の学校に通う子どもたちと比べて潜在的により似通ったバックグラウンドを有しているという事実に左右されることも確かにあるだろう。この研究では，薬物使用に関するクラスター化の程度は国によって異なっていた（Dormitzer et al., 2004）。このことは，薬物を使用する若者の間で使用が「伝染する」現象の程度（あるいは割合）が国によって異なっていることの可能性を意味している。国によるクラスター化の違いはどういうことだろうか？　若者が互いに影響し合う方法の違いに応じて各国において異なる予防戦略が設計されるべきだろうか？　国家間の，そして将来的には国家内における，薬物使用に関するクラスター化の違いを理解するための研究が現在進行中である。

　同じクラスターに属する分析単位は，他のクラスターに属するものよりも互いにより類似している可能性がある。この潜在的な独立の欠如，または依存性によって，あるクラスターから抽出されたサンプルサイズ（たとえば，10校の学校から10名の子どもを抽出した合計100名のサンプル）は，各学校からではなく，人口集団のリストから無作為に抽出された100名のサンプルサイズと同様であるとはみなされない。クラスターサンプリングはその相互依存性や同一性のために「サンプルの分散を増加させる傾向」（Kish, 1965, p. 161）があり，

信頼区間の計算，そして推論的分析の結果に重要な影響を与えることになる。クラスターサンプリングにおける推定係数の分散と同じ標本数の単純無作為抽出における推定係数の分散の割合が，デザイン効果（Deff）である（デザイン効果＝クラスターサンプリングにおける推定係数の分散／単純無作為抽出における推定係数の分散）（Cochran, 1977; Kish, 1965）。より平易な言葉で説明すると，デザイン効果とは，標本調査において「黄金律」とされる無作為抽出であった場合の分散に照らした，抽出デザインの種類が分散の推定に与える影響のことである。クラスター化したデータや抽出方法を組み合わせて（クラスターサンプリング，層化サンプリング，比例サンプリングなど）得たデータを分析するときには，単純無作為抽出によるサンプルとは異なりデザイン効果が 1.0 から離れがちなため，統計分析を行う際に補正をする必要がある。

　クラスターサンプリングにおける検定力の議論をまとめる前に，さらに 2 つの概念を紹介しないといけない。それらの概念とは，級内あるいはクラスター内相関（ICC）と有効サンプル数（ESS）である。ICC とは，特定の変数（たとえば，薬物使用）の分散において，クラスター内の集積性（たとえば，学校）によってどの程度散らばりが説明されるかという係数であり，サンプル全体の分散とグループ間の分散を比較する。有効サンプル数は，無作為抽出が行われていた場合のサンプル数を示す。データ分析統計ソフトウェアプログラム STATA10（Stata Corporation, 2008）の「loneway」と「xtreg,sa」コマンドを使用すれば，ある調査における ICC を簡単に推定することができる。有効サンプル数を実際のサンプル数から決定する手順は ICC に基づいている。有効サンプル数の公式が図 3.1 である。

　有効サンプル数の計算は，データの依存性を勘案すると実際のサンプル数はどれくらい必要であるかということについて調査者に情報を

有効サンプル数＝kn／{1＋[(n−1)ICC]}

k＝クラスター数
n＝各クラスター内の個人数
kn＝抽出単位が個人の場合の実際のサンプル数
ICC＝級内あるいはクラスター内相関
1＋[(n−1)ICC]＝デザイン効果

図3.1　有効サンプル数の推定公式

提供してくれる（Donner et al., 1981）。この公式の分母はデザイン効果である。公式が示唆するように，ICC が大きくなればなるほどデザイン効果は大きくなり有効サンプル数は小さくなる。

　薬物乱用の分野では，ICC は 0.01 から 0.07 の範囲で小さい傾向がある（Delva, Bobashev, & Anthony, 2000; Delva, Spencer, & Lin, 2000; Delva et al., 2006）。クラスター化の程度が低いということは，居住地区が個人の薬物使用に与える「効果」は想像するほど大きくないという重要な含意がある。それは，居住地区の特徴が我々の生活において重要な役割を果たしていないということではない。健全な居住地区を形成し，安らかな生活空間を形成することは当然社会が目指すべきことの一つである。しかし，居住地区が個人に与える影響についての理解だけでなく，個人の特徴をとりなし緩和する役割の解明も含め，居住地区の特徴と薬物関与の潜在的な相互関係を解明する研究も必要とされている。

　表3.2 が示すように，30 のクラスター（学校）から 100 名の若者を抽出した3,000 名のサンプル数は，ICC を 0.01 と 0.05 と仮定したときに，無作為抽出のもとでそれぞれ 1,508 名と 606 名を抽出した状況と同じである。また，クラスター化が起きている場合は，クラスターごとのサンプル数を増やしたとしても（この例では，100 名から 200 名

表 3.2　異なる条件下における有効サンプル数の仮定的な例

クラスターごとの参加者	クラスター数	合計参加者数	有効サンプル数	
			ICC=0.01	ICC=0.05
100	30	3,000	1,508	606
	50	5,000	2,513	1,010
200	30	6,000	2,007	548
	50	10,000	3,344	913

へ増加）有効サンプル数の大幅な増加に寄与しない。クラスターサンプルを使用する場合に有効サンプル数を増加させるには，サンプルの数を増やすよりもクラスターの数を増やしたほうが良い。これはクラスター内に見られる依存性や同質性によって，各クラスターからのサンプル数が増えても意味ある情報の増加に転化しないことによって起こる。

　結局のところ，クラスター化の程度が高い場合は，30 校の学校からそれぞれ 100 名の若者を抽出することは，より多くの学校から少ないサンプル数（たとえば，20 か 30）を抽出するよりも効率が悪い。さらに，もしクラスター化が起きているにもかかわらず分析の際にそれを無視した場合はデータを誤って分析することになり，結果の統計的な有意性を不当に評価することになるだろう。クラスター化を無視した分析から生じる統計的に有意な結果は，社会的文脈に存在するデータの集積性について分析における補正がなされていないため，妥当なものではないかもしれない。無作為抽出ではないサンプルの分析については続いて次のセクションでも検討する。

■重み付けされたクラスターデータの分析
　重み付けは，サンプルから得た知見を母集団に対してより正確に一

般化するため，あらゆる人口研究において見られることである。重み付けは，サンプルが無作為抽出でない場合，無作為抽出と他の抽出方法（クラスターサンプル，層化抽出）の組み合わせで抽出確率に差がある場合，特定の集団（たとえば，若者，人種・民族的マイノリティ）のオーバー・サンプリングがある場合，回答率に差がある場合，などの「補正」要素として使用される。重みを適切に付けることで，結果（たとえば，普及率の推定や関連性）はより妥当なものになる。

　経験則として，重みは抽出確率の逆数である。たとえば，500名で構成される集団から20名が無作為に抽出される場合の抽出確率は，20/500（0.04）である。この逆数（1/0.04）は25である。よって，1名に対して25名分の重みを付けることになる。それは，1名が抽出されなかった他の25名を代表して，合計500名（それぞれ25人分を代表する抽出された20名）とみなすという意味である。重み付けされたケースの総数とサンプルサイズが等しくなるように変換することができる。推定母集団「Ns」に対して，セルサイズはサンプル数「ns」を反映するので，分析を行う際にはこのようにして重みを付ける手法が，しばしば好んで使用される。

　調査者が特定の属性を持つ人々（たとえば，移民，男性，低所得者）をオーバー・サンプリングすることはよくあり，また必ずしも全ての該当者にうまくコンタクトできるわけではなく，そしてコンタクトした人々の全員が調査に参加することはないだろうと考えられるため，最終的な重みの大きさはこれらの「割合」の組み合わせから計算される。このことは結果として，ある人々は同じ重みを持つが，他の人々は抽出率や調査への参加率の「補正」のために非常に異なる重みを持つことになる。重みがどうやって計算されたかについての詳細な情報を多くの調査は，提供している。

　この章で述べた中南米の調査では，抽出元になった町における若者

の数や彼らの調査参加率を考慮して重みが計算された。ほとんどの統計ソフトウェアプログラムは簡単に重み付けを行ってくれる。これらのプログラムのマニュアルは，重みがどのように分析の中で使用されるのかについての幅広い情報を提供している。

　ケースごとに異なる抽出確率の補正要素として重みが使用されるのと同様に，抽出方法を組み合わせて抽出されたサンプルデータの分析はしばしば「複雑な標本抽出デザイン」（つまり，無作為抽出，クラスターサンプリング，層化抽出）と呼ばれ，サンプルが単純無作為抽出されたものではないという事実のためにやはり「補正される」必要がある。「複雑な標本抽出デザイン」を使用して回答者が抽出された場合の標準誤差は，ほとんどの統計ソフトウェアが初期設定としている無作為抽出による分布にもはや基づいていない。Stata Corporation（http://www.stata.com/）の STATA，SAS Institute Inc.（http://www.sas.com/）の SAS，RTI International（http://www.rti.org/DUDAAN/）の SUDAAN，そして最近では SPSS Inc.（http://www.spss.com/）の SPSS など最も良く使用されている統計プログラムを用いて複雑な抽出デザインによるデザイン効果を考慮に入れた分析が可能になっている。使用者はこれらの分析に必要な特定のコマンドについて知っている必要はあるのだが。

　アメリカ合衆国の多くの大学が徐々にサンプリングに関する授業を開講するようになっている。ミシガン大学社会調査研究所（ISR）（http://www.isr.umich.edu/home/）は，この章で紹介したトピックを含む標本調査についての最も包括的なプログラムを提供している。標本調査の実施に関心がある読者は，ミシガン大学社会調査研究所のウェブサイト，そしてこれらの分析方法について同様に多くのプログラムを提供している他の機関や団体を通してより詳しく学ぶことをお勧めする。

◆───終わりに

　この章で示したように，関係諸国や米州機構にとって，それぞれの国における学校に通う若者全体に一般化が可能な信頼性が高いデータを提供できる多国家調査を実施することは重要事項であった。この調査では，特定の国の状況に応じて調査票の質問事項やサンプリングを多少調整した以外は，主にエティック・アプローチを使用した。振り返れば，それぞれの国特有の文化的側面を調査するためにもっと注意を払うこともできたと思うが，国のニーズや予算，当時の知識レベルの状態を考慮すれば，この調査は正当なものであったし，当事者諸国が望んでいたものでもあった。

　この章では，調査の開発と実施についてのいくつかの側面と，方法論的考察を強調した。調査の実施に関して我々が読者のみなさんに理解してもらいたい主な教訓は，研究者の間で築かれてきた長期にわたる関係，絆，信頼──10年前に小さなプロジェクトとトレーニング活動から関係が始まった──の大切さである。配慮については，アメリカからの研究者のみが国際協力者の文化的背景に対して配慮するというような一方向のものではなかった。むしろ，全ての関係者が目の前に表された文化に対して配慮する多方向のものであった。たとえば，アメリカの研究者は，ある国々においては「プロセス」を急がせることはできないということを理解したし，それらの国々からの研究者はプロジェクトの実施についての時間の制約にかなり敏感に注意を払った。

　これらの国々や学校への「入り口」を得ることができたのは，10年にわたる協力関係の結果であった。また，各国の共同研究者の全員が，調査のデザインや実施に関与したのも見るべき大切なポイントである。継続的なコミュニケーションを保つことは，テクノロジー環境

へのアクセスの違い，支払い能力，共同研究者自身がプロジェクトに
費やせる時間——上司（厚生省，大統領官邸）の思惑によってしばし
ば変化する——といった原因で，ある国々においてより，他の国々の
方が簡単であった。繰り返すが，これらのチャレンジは，忍耐，国の
社会的・政治的・地理的状況への理解，資金提供や共感の形での相互
サポートをもって迎えられた。

　方法論的な考察に関して読者のみなさんは，検定力分析や重み付
け，クラスター化されたデータの分析が文化横断調査にどう関係して
いるのかと疑問に感じるかもしれない。それに対する答えは，それら
は互いに全く関係していないと同時に，互いに大いに関係し合ってい
るということである。データのクラスター化や重み付けをきちんと取
り扱うのはまったくもって適切なことである。それは，ある問題がど
のくらいの規模で起こっているのか，その問題は人口集団にどう分布
しているのか，どのような要因がその問題に関連しているのか，文脈
的要因（機関・学校・市・国の特徴）によって関連はどう変わるの
か，といった疑問に答えようとする場合，サンプルがどのように抽出
され，データがどのように分析されたのかについて厳重な注意を払う
必要があるからである。これらの要因に適切な注意を払わないこと
で，研究の一般化を制限するだけではなく，妥当でない調査結果を得
る可能性を高くしてしまうのである。そのことはより深刻な結果とし
て，研究者が間違った政策提言をしたり，特定の予防・介入プログラ
ムの支持または反対を不適切に推奨したりすることにつながるのだ。
残念ながら，標本調査における課題は，大規模なサンプルサイズが必
要なため，マイノリティ集団や不利な立場に置かれた人々の数を十分
に多く含めることである。我々の経験から，これらの集団を含めるこ
とは全くもって可能ではあるが，そのためには「啓蒙された」研究
者，すなわち，そういったことの実施の必要性を理解し，実現を強く

求める研究者が必要である。そして，特定の集団に焦点を当てる調査に意義を見出さないおそらくより優位な勢力の反発にもかかわらず，このような調査を可能にするためには，追加資金や再分配の必要性の関係から政治的な意志も必要になる。

　より良い政策提言を行うための妥当な知見を得るために，調査方法（適切に抽出されたサンプル）や分析戦略（複雑なサンプリングによるデータに正しく重みを付けて分析すること）をきちんと適用することは，いかなる研究を行う場合にも必要不可欠な段階である。長年の経験から我々は，科学的なトレーニングを受けていない人であっても，（ある人がかつて言ったように）「手の込んだ統計結果」の真価を理解してくれるということを学んだ。しかしそれは，2つの世界，たとえば，学術界と一般社会，を橋渡しする目的のために，階層的な隔たりを形成・強化することなく，形式張らず容易に理解できる方法によって，伝達された場合のことである。興味深いことに，科学者コミュニティと一般市民とのコミュニケーションの欠如は，米国科学振興協会のメンバーの間で議論の的になっている。我々の経験では，科学的概念の重要性を理解した一般コミュニティのメンバーは，調査をデザインする際に科学的に厳しい基準の適用を要求し始めるようになる。

　標本調査の科学はどこで調査が行われようと同じである。異なるのは，研究者が利害関係者とどのように関わり，そして異なる文化背景を持つ共同研究者との協力作業にいかにして取り組むか——第2章と本章を通して大々的に取り扱ってきたテーマである——ということである。この多国家調査は，アメリカ合衆国の主任研究者，各国の共同研究者，米州機構全米麻薬濫用取締委員会（OAS-CICAD）の間に存在した長期的な関係によって成功した。その関係は何年にもわたる信頼と相互協力によって築かれたものであった。同様に，調査の成功

はそれぞれの国の共同研究者と，対応する政府機関（保健・教育・福祉・防衛省など），学校の職員，生徒，保護者を含む利害関係者のつながりの質から予見されていた。調査の共同研究者は，それぞれの国において調査を首尾よく実施するために，これら利害関係者とのつながりを頼りにしたのである。

第4章

縦断的調査の実施

　縦断的調査は，あるコーホートに属する人々を経時的に追うものであり，変数間の時間的な関係性について理解するために貢献できる非常に強力な調査設計である。この章では，２つの縦断的調査の例を紹介する。両調査ともエティック−エミック・アプローチが使用され，都市部の国際的な地域で実施中のものである。両調査においてエティック・アプローチは，標準化された，事前に有効性が確認されている計測器具の使用と特定の手順を求める調査デザインに起因している。エミックな視点が各プロジェクトにどのように組み入れられたかについてはプロジェクトを説明する際に述べる。興味深いことに，どちらのプロジェクトにおいても文化的配慮は，文化的要因よりもジェンダーや言語的問題，または社会・経済的状態にこそ密接に関わっていた。それゆえ，この章で調査参加者のニーズに対応するために採用した活動や段階について説明する際には，文化的という単語は付けずに，個人や家族，コミュニティに対していかにして配慮しようとしたのかを説明する。なぜなら我々が遭遇した問題は，文化というよりもその他のアイデンティティに関するものが多かったからである。使用するラベルが何であれ，これらの調査の成功は，調査対象者に対して配慮しようとしたことにあり，つまりそれは，言語・ジェンダー・年

齢・人種・エスニシティ・貧困に対して非常に気を使ったという意味である。読者のみなさんの関心がより高まるよう, 仮説を支持または棄却する予備調査結果についても適所で提供する。

はじめに説明する調査は, チリのサンティアゴにて現在実施中の, 若者とその家族における薬物使用と精神保健に関する大規模な縦断的調査である。このプロジェクトはサンティアゴ縦断調査 (Santiago Longitudinal Study, SLS) と呼ばれ, 国立薬物乱用研究所 (National Institute on Drug Abuse) の研究資金の助成を受けている。この調査について先の章と同様に, リサーチクエスチョンの形成を導いたものと理論的モデルの選択について説明し, プロジェクトの展開と実施の例を示す。これら3つのトピックに加えて, 読者のみなさんが自身のプロジェクトを計画する際に有用だと思われる3つの重要な側面も強調して述べる。1つ目に, 多元的で学際的な協力関係が随所に存在したということがある。2つ目に, 異なる文化や国々で使用する調査票を作成するために取った手順について詳細を説明する——調査票は事前にテストされ, スタッフや調査参加者からの入念なフィードバックに基づいて修正されたものである。3つ目に, 十分なデータが収集された後で行われる様々な分析アプローチについての概観を紹介する。

2つ目の調査は, 心的外傷後ストレス障害 (PTSD) の縦断的調査からなる。これは, デトロイトに居住する成人アフリカ系アメリカ人における心的外傷後ストレス障害を, 個人的要因と生態的要因の相互作用として理解しようとするものである。この研究も現在実施中である。この研究は, 国立薬物乱用研究所と国立精神保健研究所 (National Institute on Mental Health) による研究資金の助成を受けており, デトロイト地区保健調査 (Detroit Neighborhood Health Study, DNHS) と呼ばれている。この調査から, 人口に基づく大規模なマルチレベル調査の概念化の例や, 心的外傷をもたらす出来事の経

験や心的外傷後ストレス障害そのものと免疫不全がどう関係しているかを評価するためにバイオマーカーを使用した例を紹介する。我々はまた，このプロジェクトにおける学際的な協力関係や，調査に参加したコミュニティにとって公にしづらい性質の問題についても強調する。サンティアゴ縦断調査もデトロイト地区保健調査も，異なる分野の人々の協力なしでは実施不可能だったであろう。

◆———サンティアゴ縦断調査

■リサーチクエスチョンと理論的モデル

薬物使用の普及率は，アメリカ合衆国においてヒスパニック系の若者の間で偏って高く（Delva et al., 2005; Johnston, O'Malley, Bachman, & Schylenberg, 2008），また南米で薬物使用は増加し続けている（United Nation Office on Drug and Crime and the Inter-American Drug Abuse Control Commission, 2006）。しかしながら，ヒスパニックの人々における薬物使用についてはほとんど研究されていない。ヒスパニックに関する比較的少数の研究は，たいがいが横断的サンプルもしくはごく短期の縦断的デザイン（たとえば，2〜3年程度）によるものである。そしてそれらの研究は学校に通う若者のサンプルに頼る傾向にあり，後の薬物使用に影響を与えるかもしれない生物学的な損傷に関する情報は含んでいない。サンティアゴ縦断調査はそれらの限界の多くに取り組む。この調査は，幼児期から長期的に追跡した 1,000 名のチリ人の若者とその家族からなる膨大なサンプルによって構成されている。このサンプルが登録されたのは元々，幼児期における鉄欠乏性貧血予防の行動・発達的影響に関する研究を助成する国立保健研究機構（National Institutes of Health, NIH）との共同によるものだった。生物学的・個人的・家族的・環境的な要因に関

する包括的な情報が，幼児期と5歳および10歳の時点で収集された。子どもたちは現在，チリにおいて薬物使用（特にアルコールとタバコ）を開始する率が最も高い年齢層である12歳から17歳に達している。縦断的調査を用いて何ができるのかを読者のみなさんに理解してもらうために，研究資金を獲得した調査計画書の内容から調査を導く研究目的をいくつか示す。

【目的1】

　1つ目の目的は，青年期における薬物への関与を増大または減少させる，乳幼児期から青年期にかけての個人的・家族的・環境的要因を明らかにすることである。この調査の設計が，薬物を使用する機会の増大と実際の使用についての個人的・家族的・環境的要因の独自のまたは複合的な効果に関する前向き調査を可能にする。

【目的2】

　2つ目の目的は，薬物使用の認知的・行動的・社会的帰結を特定することである。後期青年期を通して青年を最低でも2度測定することによって，青年期初期における薬物使用レベルとパターンに照らしてアルコール，タバコ，ドラッグ使用の因果関係を究明する。因果関係は，幼児期，未就学期，就学期，青年期中期それぞれにおける生物的・認知的・行動的障害を考慮に入れて統計的に考察される。

【目的3】

　3つ目の目的は，幼児期のドーパミン系への推定された損傷（鉄欠乏）が，青年期における薬物使用・乱用に与える影響を特定することである。提案の研究は，一般的な初期の栄養不足が青年期の薬物使用に与える影響を評価するまたとない機会である。幼児期の鉄欠乏性

貧血の動物モデルは，鉄療法にもかかわらず青年期における線条体の
ドーパミン作用性機能が低減することを実証している。また，ヒトを
対象にした長期的研究は，青年期初期における不安神経症やうつ病の
増加，背外側前頭葉の線条体系が関係する神経認知機能障害，神経内
分泌反応の異変を指摘している。

　第3番目の目的とそれに付随する仮説の検証を可能にしたサンティ
アゴ縦断調査は，異分野において異なるトピックに取り組む研究者
が，ある特定の問題を研究するために共に努力する学際的な協力関係
の典型的な例である。この事例のチームの中には，鉄分不足が脳と，
その後の子どもの発達に与える影響の研究に人生を費やしている研究
者と共に，人種・エスニックマイノリティにおける，薬物乱用に至る
道筋の研究に専念する研究者も含まれている。サンティアゴ縦断調査
から得られる知見は，薬物乱用に関する分野で若者の薬物使用・乱用
の原因と予防への理解を深めるだろう。

　この研究を導く理論的モデルは，ライフコース・アプローチであ
る。このアプローチは，生物的・社会的要因の両方を含む初期の生
活状態が後の罹患率や死亡率に影響を与えることを示唆する（Ben-
Shlomo & Kuh, 2002; Halfon & Hochstein, 2002; Krieger, 2001; Kuh &
Ben-Schlomo, 1997）。つまり，環境的なリスクと他のリスクとの組み
合わせ，さらにその長い蓄積へとさらされることは，時間とともに
病気にかかる危険性を高めるということである。薬物乱用の分野で
の環境的なリスクには，母親の薬物使用における催奇形性効果（胎
児の発達に悪影響を与えうる物質や薬剤の効果）（Autti-Ramo, 2000;
Wetherington, Smeriglio, & Finnegan, 1996）から幼児虐待などのト
ラウマ的経験に至るまで幅がある。出生前から始まり出生時および出
生後の発達段階におよぶ有害な事象は，初期の神経生理的発達に悪影

響を与えることによって，また長期的に蓄積される有害な環境状態に
さらされるリスクの上昇によって，後の健康状態に不利な影響を与え
るかもしれない。ライフコース・アプローチは，病気の負担が重い人
種・エスニックマイノリティや，生物的・社会的障害が多い（有害な
生活状況によりさらされていること，医療へのアクセスが良くないこ
と，または質が悪い医療しか受けられないこと，いずれかの理由に
よる）低収入の人々の経験に適している。これらの障害は長期的に蓄
積される可能性があり，薬物使用や薬物乱用へ進行するリスクを高め
る。現在の研究において我々は薬物使用のリスクを，経時的に相互に
影響し合う遺伝的・生物的・行動的・社会的・経済的な文脈に基づき
かつ異なるリスク経路に現れている，複数の決定要因から発生して
いるものと概念化する（Halfon & Hochstein, 2002; Zucker, Boyd, &
Howard, 1994）。図 4.1 はこの研究の概念的枠組みを表している。

　図 4.1 の中で，相互的なものを含む全ての想定し得る関係（たとえ
ば，両親に関係する要因や慢性的ストレス因子が，脳内の変化をさら
に押し進め，今度は薬物使用に対する脆弱性をさらに高めるかもしれ
ない）を示すことは不可能である。それゆえ，ここでは我々が提案し
ている縦断的モデルに焦点を当てる。このモデルは，後の薬物使用機
会や実際の使用への進行を潜在的に促進する子どもの気質的・認知
的・情動的パターン（モデルでは「個人的要因」と表示する）に与え
る幼児期の脳内変化の潜在的効果を示している。

　このモデルはまた，青年期における薬物使用や薬物使用機会への仲
間や両親からの影響の潜在的効果も示している。たとえば，暴力的な
親，精神疾患を患う親，薬物を乱用している親のいる家庭で生活する
若者は両親と離れて育つことになり，目があまり行き届いていないか
もしれない。予備結果によると，薬物使用を予防するという点におい
て子どもの性別にかかわらず，母親との関係の質に比べて，父親との

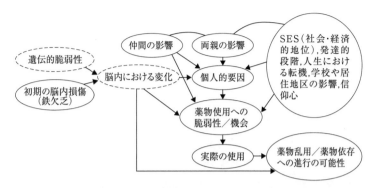

図4.1　サンティアゴ縦断調査の概念モデル。点線はこの研究では測定されていない概念，SES は社会・経済的地位を示す。

関係の質のほうがより重要だと示唆されているようである。子どもの発達の研究，特に薬物乱用に関しては，父親または男性の養育者の役割が一般的に無視されてきたので，この予備的な結果がどの程度チリの家族における「文化的要因」によるものなのか，それとも普遍的なパターンなのかについてははっきりしない。しかし，子どもの発達に父親が果たす役割をより良く理解するために，さらなる研究が世界規模で必要なことは確かである。たとえば，特に薬物が容易に入手できる地区に居住している場合，父親はより手厚い保護を子どもに与えることで，薬物へアクセスできる人々，若者に薬物を提供する人々，実際に薬物を使用している人々と付き合うリスクを軽減することができるのであろうか（Storr, Chen, & Anthony, 2004）。父親の宗教への関与は直接的または間接的にどのように子どもの薬物使用の可能性を減少させるのだろうか（Chen, Dormitzer, Bejarano, & Anthony, 2004; Koenig, Larson, & McCullough, 2001; Steinman & Zimmerman, 2004）。たとえば，薬物の使用を禁止し，アルコール消費に関する明確な指針がある教派に属する若者，教会や宗教的活動により活発に参

加する若者，などは禁欲や適切な摂取を促す態度や信念を身に付けるようになるかもしれない。同時に，こういった若者は薬物を使用する仲間と付き合うことが少なくなり，さらに薬物使用の可能性も減少するかもしれない。そのうえ，宗教への関与は，ストレスと薬物使用の関係を介在する働きがあるかもしれない。

　これらの影響の長期的な相互作用に応じて，またその他の個人的・環境的要因（たとえば，社会・経済的地位，発達の推移，健康上の変化，生活ストレス因子）次第で，薬物の使用機会に遭遇することや薬物を使用したり乱用したりすることについて，若者それぞれによって異なった傾向が出るのである。繰り返して言えば，父親と母親の子どもを守る相対的な役割とは何だろうか？　この研究は，これらの関連の多くを前向きに検証するための，幼年期初期に始まり中期そして後期青年期に至る個人・両親・家族の領域における重要なデータを提供する。

　概念的モデルには，後期青年期における薬物使用のリスクを高めるかもしれない，初期の鉄分不足がもたらす潜在的な長期にわたる中枢神経系（CNS）への影響も含まれている。我々は，若者が薬物使用に手を染めるリスクに影響を与えるかもしれない，幼年期初期における鉄分不足と，幼年期，子ども期，青年期初期における心理的・行動的・環境的要因による影響の道筋を検討するまたとない立場にあるのだ。この研究では，しかしながら，直接的な脳内変化の計測や遺伝子分析は行わない。それゆえ，脳の変化や遺伝的脆弱性は図 4.1 において点線で示されている。一方で，若者たちの幼年期，5 歳，10 歳時点での両親（とその他の家族構成員）の薬物使用に関するデータは収集している。この研究では，両親や家族の薬物使用歴や精神上の問題と若者の薬物使用との間に関連が存在するのかどうかを検証する予定である。

■サンティアゴ縦断調査プロジェクトの実施

　言及すべき最初の側面は，サンティアゴ縦断調査は，鉄欠乏性貧血の若者の発達への影響に関する現在も進行中の先行研究を土台にしているという点である。この長期的研究の参加者（若者と主に母親である成人）は，国立小児保健発達研究所（National Institute on Child and Human Development, NICHD）によって研究資金の助成を受けている鉄欠乏研究との関連で，幼年期，5歳時，10歳時の時点ですでに評価されている。このことから，すでに実施された調査回からの評価を利用しながらサンティアゴ縦断調査を15年間の前向きコーホート研究とするアイデアにつながった。我々調査者や，2回の申請書提出後に資金助成に値すると評価してくれた査読者の，この研究への強い関心はいくつかの鍵となる要因に基づくものであった。それらは，上記の研究目的を可能にする研究の長期性という側面，若者と成人に対しても行える包括的な計測，共同主任研究者である心理学者マルセロ・カステロ（Marcela Castillo）博士の国立保健研究機構が助成する大規模な調査を運営する豊富な経験，カステロ博士が所属するチリ大学栄養・食品技術研究所（Institute of Nutrition and Technology of Foods at the University of Chile）においてすでに確立されているこの種の研究を行うためのインフラストラクチャーなどである。

　このプロジェクトの成功は本質的に2つのレベルでのコミュニケーションに依拠している。最初のレベルは，チリの共同研究者と調査スタッフが調査参加者との間に築いたコミュニケーションと関係の質の高さからなっている。チリのスタッフが調査参加者と築いている関係の主要な側面は，チリ大学栄養・食品技術研究所で行われてきた調査が歴史的に，主に社会的に恵まれない集団における健康や医療の問題に取り組む重要な役割を果たしてきたことから生じている。たとえば，研究所で行われた調査は，チリや他の国々における栄養失調の撲

減に貢献している。また，研究所は低所得層の人々に質の高いヘルスケアを提供してきた。それゆえ，（a）参加者の研究所に対するポジティブな認識と関係，（b）参加者が何十年ものあいだ調査スタッフと築いている質の高い関係，によって調査参加者の生活に入り込むことが容易になった。第2章では，アメリカ先住民への接触が，調査者と部族のリーダー・部族審議会・長老といかに関わっているかについて説明した。第3章の学校システムへの参入は，大臣やその他の政府リーダー，校長，および教員との協働を伴うものだった。これら全ての事例において，調査対象者への接触は，調査者と利害関係者との間の関係の質と関連していた。

　2つ目のレベルは，アメリカ合衆国の研究者チームとチリ人研究者チームとの間の質の高いコミュニケーションと関係である。最初にチリでの状態を，それからアメリカとチリ間の状態を述べる。

　プロジェクトの成功が，チリの調査スタッフと調査参加者との関係の質の高さとこのような大規模なプロジェクトを運営する現場の共同主任研究者の経験に全面的に依拠するのは言うまでもない。サンティアゴのチームには，プロジェクトの共同主任研究者，心理学者，プロジェクトマネージャー，看護師，6名のインタビュアー，ITサポートスタッフが含まれる。そして運営スタッフと2名の運転手もいた。彼らのうち，共同主任研究者，プロジェクトマネージャー，3名のインタビュアー，運営スタッフ，運転手1名はこの種の長期的研究を行った豊富な経験をすでに持っていた。参加者への連絡，計測日のスケジューリング，一連の計測の実施などの経験に加えて，調査チームはこのようなプロジェクトにおいて最も必要な資質の一つである，調査参加者との好意的な関係を有していた。チームの人々はそれぞれが若者やその両親と独自の関係を形成していた。運営スタッフとバンの運転手が家族と最初の接触を果たす（電話がつながらなかったり番

号が変わっていたりするので，しばしば自宅を訪問することになった）。運転手が調査参加者の自宅に迎えに行き，計測のために研究所に連れてくるようになり，家族を運搬するためにバンが購入された。タクシーやバスの運賃，自分の車を運転して来る場合はガソリン代を支払うなど，他の手段では上手く家族を連れて来ることができないだろうということは経験上分かっていた。運営スタッフとバンの運転手の2人は，家族の人々が最初に見ることになる顔であるため，参加者が調査へ向ける関心の鍵となる人物である。嫉妬深い夫がいる何人かの母親（調査参加者）は，毎年同じ2名のスタッフがチリ大学栄養・食品技術研究所のロゴが付いたバンで迎えに来ることで，もし毎年異なるタクシーの運転手が迎えに行ったならば起こっていたかもしれないような，夫が行き先について疑念を持つといった事態を防ぐことができた，と語った。また，このようにして迎えに行くことで，近所の人々が彼女や彼女の息子がどこに行くのか（結局のところ彼らは研究所に行くにすぎないのだが）を不審に思う可能性も減るであろう。このことは，嫉妬深い夫や恋人に対する恐れを表した何人かの母親のニーズに対して配慮しようとした重要な例である。

　調査される人々の生活を理解することができ，彼らと経験を共有する（若者を持つ母親である，失業を経験している）であろう現地のインタビュアーを雇用したことはこの調査の成功を左右する決定的な要素である。さらなる配慮は，この調査がアメリカとチリの研究者の協力関係として示されていることである。先に述べたようにチリ大学栄養・食品技術研究所はチリにおいてよく知られており，チリにおける栄養失調の根絶や，他の南米諸国での同様のプログラムの開発と評価に主導的な役割を担った。調査参加者の家族が居住するコミュニティから信頼されている機関であり，研究所のロゴがドアに付いているバンだからこそコミュニティ内を気楽に移動することができる。

ひとたび家族が研究所に到着すると，看護師が研究について説明し，親と子両方から同意書を取得する。同意が得られた後に，子どもを測定・計量し，健康診断と思春期テストを行い，そして鉄分分析のための採血を行う。ちなみに，我々は採血した血液を使用して遺伝子分析を行う許可も要請している。将来的には，遺伝子と環境の相互作用の分析も行えるはずである。続いて，若者はインタビュアー1名と面接し，その親（もしくは他の成人）はもう1名のインタビュアーと別の個室で面接を行う。これらの評価には2時間ほどかかり，若者とその親（もしくは他の成人）両方への一連の測定からなる。調査は母親の特徴を測定しようとするものであり，場所と時間の制約もあるので，他の家族のメンバーに関する質問はわずかしか含まれていなかった。しかし，調査票の事前テストの段階で2つの問題が表面化したので我々は方法を修正することにした。1つ目は，母親の何人かが，子どもの父親を主とする他の家族メンバーのアルコールや他の薬物の摂取についても詳細な質問を盛り込むことを提案した点である。彼女たちは，自分自身は全くまたはほんの小量，そして時々にしか摂取しないかもしれないが，（男性に限らないとはいえ）ほとんどは男性である多くの家族のメンバーが，アルコールを多量に消費していること示唆した。そういった人々が子どもの生活に与える影響を調査できるように，彼女たちは生活のこのような側面を伝えることができるようにして欲しかったのだ。これらの質問を調査票に加えることで他の部分を削除することになったが，調査参加者に配慮してそのようにした。幸運にもそれらの変更によって研究はより強化されたと思われる。もう一つの変更点は，概ね10％程度の母親ではない養育者に関係していた。調査票は母親についての詳細を聞くように設計されていたが，その後の修正版では他の家族メンバーによる薬物の使用についても質問した。参加者のおよそ10％がそうであったように，祖母，ベビー

シッター，兄や姉，叔母などが調査に参加するために子どもを連れてきた場合はどうするべきだろうか。そのような人々が若者の発達において役割を果たしていることへの注意の呼びかけとともに，彼らに関する詳細なデータもまた集められた。分析では，それら10%の人々の回答と残りのサンプルとの回答が異なるかどうかを精査する予定である。家族，子どもを研究所に連れて来るのにかかる時間，そして母親のスケジュールを尊重すると，子どもを連れてくるのは母親であるべきだと求めることは不適切であった。そのことにこだわって，子どもが来なくなると困るのである。

　調査の全段階において調査参加者は最大限の敬意をもって扱われ，守秘義務を守るために可能な全てのことが行われた。プロセスの詳細については「被験者の保護」に関する箇所で説明する。過去の鉄欠乏に関する研究では，子どもの身体的・情動的・認知的発達の結果を親に提供し，栄養失調が見つかった場合には医師とどのように話し合うのか，認知（機能）評価においてある欠陥が特定された場合には子どもの教師とどのようにコミュニケーションを取るのか，について提案がなされた。親たちはこういった情報の提供を非常にありがたく思っていた。しかしあいにく薬物乱用の研究では，違法行為について質問するという調査の性質が，若者の年齢（全ての参加者は青年期前か青年期にあたる）を考慮して，若者が自傷行為を考えている，以前に自殺行為を行ったことがある，誰かに危害を加えるつもりである，もしくは虐待を受けていると報告している，などの場合でない限り親に評価の結果を明かすことはできない。このことは，同意を得る段階で若者とその親に明確に説明される。その代わり，青年期に経験する困難や親が青年期の若者とより良くコミュニケーションを取る方法についての一般的な情報が書かれた紙を渡す。また，もし子どもが薬物を使用し始めた場合，医者，コミュニティの指導者，聖職者，学校のカウ

ンセラーなどをはじめとして他者からの助けを求めるようにも助言する。最後に，調査参加へのお礼として，若者には映画のチケット，大人にはスカーフまたは手袋が渡された。

2つ目のレベルは，アメリカの調査チームとチリ人の調査チームの関係とコミュニケーションの質の高さである。このことは主に，アメリカのプロジェクトマネージャーとチリの共同主任研究者と調査スタッフのほぼ毎日のコミュニケーション，それからアメリカの主任研究者とチリの共同主任研究者の最低でも週1回のコミュニケーションを維持することによって達成された。このコミュニケーションは全て，電子メール，インターネットによるスカイプ（http://www.skype.com/），または必要に応じて電話によって行われた。アメリカ側のスタッフはかなりの回数チリへの出張も行った。さらに，チリへ旅行し，逆にアメリカに旅行に来た個人のネットワークによってもコミュニケーションは維持された。たとえば，それらの何人かはミシガン大学の国立衛生研究所フォーガティ研修プログラムの一つであるマイノリティの健康と調査トレーニング（Minority Health and Institutional Research Training, MHIRT）へ参加するために選ばれた学生たちである。このプログラムは，外国における3ヶ月間の実地での調査で最後を締めくくる，1年間の調査トレーニングを提供する。サンティアゴのプロジェクトで働くことに興味を持った学生は，チリで夏の3ヶ月間を過ごした。このことは，調査チーム間でのさらなる「人と人との」コミュニケーションを可能にした。他には，1ヶ月間の研究インターンシップを行うためにミシガン大学に来たチリ大学の医療疫学者の例がある。この人物は，アメリカとチリのチームにおけるさらなる結節点となった。また，博士課程に在籍するアメリカの学生は，より豊富なデータを収集するために繰り返しチリを訪れて家族らに質的インタビューを行った。全ての意図や目的のためにこれ

らの人々はアメリカとチリの調査チームの「拡張部分」であり，そして言うならばさらなる「結節点」としてチーム間のコミュニケーションの大幅な改善に貢献している。先の章で説明したように，様々な観点や興味を持つ人々の間でのコミュニケーションの質を発展させ維持することは，調査プロジェクトを成功させるための最も重要な要因の一つである。チリ人の担当者とどのように関わるかということについて，アメリカ側の研究者は慎重に注意を払った。指図したり決定を押し付けたりすることを避けるための試みは全て行われた。実際，ほとんどの決定は何回かの議論を経て共同で決められた。決定を下す必要はあるが時間的制約があって問題について議論することが不可能な場合は，決定が行われたあとすぐにそのことが議論された。これは，両方向で行われたプロセスであった。チリ人のチームが決定を行わなければいけない場合は，チリの主任研究者と議論を行い，そして次の段階の可能性について一緒に決定するのである。お互いを尊重した関わり合いは他にも方法論や予算を共に決定することに見られるし，誰を雇用するか，スタッフをどのように監督するか，日々の運営をどのように指揮するかについてはチリのチームに完全なる自由が与えられていたことにも見られる。また，全ての報告書，論文，学会での発表はチリの共同研究者と共に取り組まれ，いくつかの仕事についてはスタッフの何人かを著者として協力してもらうために招いた。チリ人のスタッフにしてみれば，報告書や論文または学会発表の著者になることはキャリアにとって重要なことではない。しかし，彼らは招待を感謝してくれたし，ある人が言ったように「長い間働いた後に，私がこの大きなプロジェクトの一部だったという証拠となってくれた」と言っている。

　当然，これらの活動が上手く機能するためには，経験があり信頼のおけるマネージャーがプロジェクトに必要である。このことは全ての

研究に当てはまるが，距離の問題もあって国外ではより大きな影響がある。さらに付け加えると，ポジティブな関係を構築し維持するためには，話し言葉（この場合はスペイン語）だけでなく，共通の価値を共有することや違いを尊重すること，違いについて考えるためにオープンであることなど「共通の」言語を話すことも含む。

■被験者の保護

　先に説明した匿名の横断的調査とは異なり，この縦断調査では継時的な参加者の情報をつないでいくことを可能にする，個人が特定できる情報を得ることが重要である。この要件によって，このような調査を行う時に必須とされる配慮が最大限求められる。研究の目的や参加してもらう事柄（尿検査，若者からの血液サンプルの採血を含む）について親子に対して明確に説明することを含め，あらゆる慣習的な予防策が取られた。また，どんな質問でも拒むことができ，調査項目の何でも（尿検査など）拒否することができ，そしていかなる影響もなくいつでも調査から離脱することができることなども明らかにされた。調査を辞退した参加者に対しては彼らの判断を尊重して再度連絡を取ることはしなかった。ある事例では，1人の青年が途中で質問に答えるのを止めたが，このようなことも完全に受け入れられる選択として扱われた。

　しかし，もしこの配慮のプロセスに不都合なところが何かあるとすれば，それは12ページ以上にもわたる同意書の長さである。この理由は，スポンサーとなっている大学の医学部内に設置されている審査委員会によって使用されている定型書式を使用したことにある。この定型書式は，社会科学の分野で使用される同意書よりも9ページから10ページほど長い傾向にあるが，この調査の目的は審査委員会の書式や手続きを変更しようとするものではないので，与えられたものに

合わせた。チリの審査委員会が書式の長さに対していくつかの懸念点を示したが，情報を徹底的に網羅しているため，短くすべきだとは要求しなかった。同意書の長さのために，調査スタッフは親と若者と一緒に同意書を読み，その内容や親の選択権について議論するために時間を費やした。この審査委員会の書式に対する批判は，研究者が被験者保護の問題に慎重に取り組む義務の重要性に対する批判では決してないということはどうか理解してもらいたい。著者の全員が審査委員会の使命を支持しており，実際，そのうちの1人は審査委員会のメンバーであり，チリ人の共同研究者もチリ大学の審査委員会のメンバーである。しかし，審査プロセスの多くの側面はもっと批判的に検討される必要があり，変更の可能性も考慮されるべきである。

　ここでプロジェクトの実施に関する議論に戻るが，可能な限り最善のデータを収集し，かつ，国外の調査参加者の機密が保護されるように，最初はタブレットPCを使用してワイヤレスで直接データ入力を行った。タブレットPCでの直接のデータ入力は，コンピュータを使用したパーソナルインタビュー（computer-assisted personal interview, CAPI）またはコンピュータを使用した自己インタビュー（computer-assisted self-interview, CASI）で採用されている戦略に従った。コンピュータを使用したパーソナルインタビューでは参加者に面接を行い，回答をインタビュアーがコンピュータに入力し，コンピュータを使用した自己インタビューも，被面接者が質問の回答を自らコンピュータに入力する点以外は，コンピュータを使用したパーソナルインタビューと同じ手順で行われる。誰がデータを入力したかにかかわらず，データは自動的にデバイスに保存される。デバイスは，デスクトップ，ラップトップ，タブレットPC，または携帯用小型端末でも良い。データをデバイスに保存する代わりに，ワイヤレスネットワークを通じて安全なサーバーに直接保存することもできる。選任

されたスタッフのみがサーバーにアクセスすることができ，サーバーは毎日監視される。

　データ収集に使用するデバイスとは対照的に，データの保管については安全なサーバーにワイヤレスで収集するのがより好ましい方法である。タブレット PC を使用するアイデアは，PC の画面を見るのではなく，人々が普段慣れ親しんでいると思われる，書くためにノートを使うということを再現するためである。専用のペンを使うことで，画面を上下に移動することができ，クリックで質問の回答ができ，直接書き込むこともできる。サンティアゴ縦断調査では，タブレット PC を 7 台購入し，ワイヤレスネットワークが導入され，サーバーも購入して測定実施場所であるチリ大学栄養・食品技術研究所内に設置し，そして直接データ入力のためにタブレット PC 内に調査票が設定された。しかし不運にも，直接データ入力のためにシステムを上手く起動させることはできなかった。我々が直面した問題には，予想外のかたちでのサーバーの機能不全，いくつかのタブレット PC の作動の不安定性（フリーズしてしまう，データを時として保存しないなど），インターネット経由でのネットワークへの接続の遅さなどを含んでいた。さらに，面接を行った調査スタッフは，タブレット PC，サーバー，建物内の電気設備などに何か不具合が起こると，結果として測定作業が妨害されデータが失われてしまうことを恐れた。もう一点の懸念事項は，参加者が質問に答えて一度データが入力されると，インタビュアーか参加者が直後または後になって気が付き，かつ回答を変更しようと思い立たない限りデータ入力に間違いがあったとしても分からないという問題であった。スタッフの要求に配慮して我々はタブレット PC でのデータ収集をいったん中断することにした。その代わりに，測定終了後にスタッフがタブレット PC を使用してデータ入力を行った。スタッフによるデータ入力の目的においてはこの技術

は非常によく機能した。

興味深いことに，データ収集目的のために最先端の技術を試みた後の感想として，より単純で時代遅れとも言われかねない紙と鉛筆を使用してインタビュアーが測定を行う方法と比較した場合，調査チームは最先端の技術の優位性に完全に納得した訳ではなかった。紙と鉛筆でのデータ収集方法の方が読んだり紙の上に印をつけたりすることが容易なので，インタビュアーは調査票をより早く終わらせることができる。それにより，参加者とのより強い信頼関係も形成される。それから，もし間違いが見つかった場合，それが30分前に聞いた質問であったり，調査票を20ページ戻らなければいけない場合は特に，簡単に訂正することができるのだ。紙と鉛筆を使用すれば，回答を後から補足する参加者の発言があった場合に，そのことについてのインタビュアーの観察記録をページの横や質問の下に書き込むことも可能である。インタビュアーにとって，後に参照することができる完全な文書があるのは嬉しいことである。その他の紙と鉛筆を使用する良い点は，読み書きが出来ない人や，そのレベルが低い人，または機械を使うことに抵抗がある人への配慮ができる点である。若者はコンピュータを快適に使用することができるので，これらの問題は主に大人たちに影響を与えた。このような問題に対する配慮を示すことで養育者の調査への不参加を防ぐことにも役立った。

タバコ，アルコール，マリファナ，コカペースト（精製前のコカイン），コカインの使用に対する若者の回答の正当性を確認する試みのために，尿の検体を集める手続きがある。毛髪，尿，血液，唾液，汗の分析など数多くの生物学的手段が可能であるが，それぞれに良い点と悪い点がある（Cone, 1997）。様々な生物学的可能性の中から（Cone, 1997），選択肢は毛髪と尿の検査に狭められた。残念なことに，実施できていれば重要な妥当性試験になるにもかかわらず両方を

使用するのは費用がかかりすぎた。綿密な先行文献調査を行い，アメリカの数多くの研究者やチリ大学アンチ・ドーピングセンターの毒物学者と議論を行った結果，尿検査を使用することになった。我々は，毛髪検査の妥当性は髪の長さや質に影響を受けることを学んだ。尿検査は検知可能期間がより限定されるが技術は成熟しており，病態識別値が明確に定められていて，検査の基準がきちんと設定され，そして故意に検査を「妨害」しない限り毛髪検査に比べて混入の可能性が低く，またそのような妨害は他のどのような検査でも発生し得る。他方で，毛髪検査は薬物代謝産物の検知がより長期間可能だが，マリファナの検知にはあまり向いておらず，技術的にまだ多くの改善途上にあり，また環境からのデータ汚染の可能性も高く，さらに参加者の毛髪が十分に長い必要もある。

　予備テストにおいて，若者の間での最大の心配事は検体を求められた時に排尿できないこと，または「でもここに来る前にちょうどトイレに行ってしまった」ということだった。それ以外の懸念は若者たちから示されなかった。その理由は先に示したように，年月をかけて築き上げられたスタッフと家族の間の好意的な関係によるものであろう。

　調査は最初，無作為に選ばれた若者グループの50％に対して尿検査を実施することにしていた。予算の制約上それ以上の数の検査は無理であったからである。しかし，プロジェクトが資金を獲得した時にはその予算の12％が削減され，続いて，国際的なプロジェクトにおいて考慮の必要がある貨幣の変動，つまりドル安の影響を受けた。それゆえ，わずか5％の若者のみを検査するという決定がなされた。尿検体を得るための段階を説明する前に，なぜ若者の5％を検査するという決定がなされたのかを示す。読者のみなさんは「偽のパイプライン」（Aguinis & Henle, 2001）と呼ばれる方法を知っているだろうか。偽のパイプラインとは，質問に対してより正直な答えを引き出す

ために，実際には実施されないある特定の手段を行うと調査参加者に伝え，彼らを欺くものである。たとえば，調査票の回答を終えた直後に薬物に関する回答の正当性を確認するために尿検体の提出を若者たちに求めるというものである。しかし尿検体は収集されないし，もしも収集されたとしても全ての正式な手続きに従い若者が知らないうちに処分されるだろう。薬物使用に関する質問に正直に回答することの重要性を明白にするために，調査票を実施する前に尿検体を集めることも考えられる。しかしながら，これらの方法は偽のパイプラインについて調査参加者に伝える報告時間が必要になるという意味で，だましを含んでいる。若年層と関わる場合に信頼関係の問題は重要なので，調査チームはだましを利用することは不適切であると決定した。しかし，少数の若者が尿検体の提供のために無作為に選択される旨を同意書に残しておいて，若者が可能な限り正直に回答するようにしむけた。このようにして我々はだましを含まない方法で正直さを促したのだ。また，先に言及したように，若者とその親に対しては，調査票のどの質問に対しても回答しないという判断ができるのと同じやり方で，検査をしたくない若者もこの過程をどのような影響もなく飛ばすことができることを確認した。それにもかかわらず，若者によっては無作為に選ばれて尿検体の提供を求められるかもしれないという考えから，より正直に回答したはずだと考えられる。この方法は，若者が尿検体の提供者として選ばれない可能性にかけることや，薬物使用について嘘をつくのを防ぐものではない。それらの事柄についてはなす術はない。

　調査票はまた，マーロウ・クラウン（Marlowe-Crowne）による社会的望ましさ尺度（Reynolds, 1982）を短縮した尺度も含んでいる。得点が一定の幅よりも高い人々のデータについては矛盾点がないかどうか注意深く調べ，もし回答が不明瞭ならば分析から除外されること

もある。他国の若者が示す社会的に望ましい反応はアメリカでのものとは異なる可能性が多分にあるので，特に外国において，ある参加者が社会的により望ましいように回答しているかどうか（薬物使用について実際より多目または少な目に報告する）を的確に判断する科学的方法は存在しない。実際のところ，この尺度を使用した予備調査ではアメリカ人とは全く異なる回答パターンを示した。そのため我々はこの尺度を分析に使用する前に十分に妥当性を精査することに決めた。しかし，もしかするとこの尺度よりもより重要なのは，インタビューアーとの好意的な関係，研究所の面接室でプライバシーが確保されること，そして親が回答について知ることはないとの信頼，であるかもしれない。こういった基本的な要因が，公にしにくい情報を開示するよう若者を促すのだ。

■調査票の作成

　チームが測定したい全ての概念を2時間以内でとらえる調査票を作成することは容易ではない。薬物使用，乱用，依存に関する数多くの尺度が存在し，メンタルヘルスの概念群や育児，家族関係などについて妥当性や信頼性を十分に有する様々な尺度があることも事実である。しかし，数の膨大さ，強みと弱みが異なること，異なる集団・調査設計・リサーチクエスチョンに対応する適切さといった問題から尺度を選択するのは非常に難しい作業であった。質問項目をまとめたことがある人なら誰もがこの困難さを理解できるであろう。実際，本書の著者の一人は，RTI インターナショナルが開催した，国立衛生研究所に資金助成を受けた大規模な構想に参加し，標準化された尺度を複数の分野から世界中の遺伝学・疫学研究で使用できるように統合することを目指した。国立ヒトゲノム研究所（National Human Genome Research Institute, NHGRI）から資金助成を受けるこのプロ

ジェクトは，分野を横断した比較や分析を促し奨励するために，研究をまたいだ尺度の選択や使用，概念群の運用にさらなる一貫性が必要であるとの認識の中で生じたものである（詳細は http://www.phenx.org を参照）。

　サンティアゴ縦断調査では，質問項目リストをまとめて絞り込む入念な作業に 6 ヶ月以上かかった。この作業には主任研究員がチリの共同主任研究者とその他世界中の数多くの同僚と相談しながら取り組んだ。ひとたび一連の質問項目がまとまると，それらはスペイン語に翻訳されなければいけなかった。幸運なことに，尺度のいくつかはもうすでにスペイン語で存在していた（たとえば Child Behavior Check List, CBCL）が，チリ人に対して使用する際の適切さを確認する必要があった。

　若者への質問として 900 項目以上の質問と回答選択肢が，親への質問としては 800 項目以上が訳された。この作業はプロジェクトの主任研究者と数多くのボランティアによって行われた。予算の関係上，この作業用の翻訳者を雇うことはできなかった。実際問題として，専門の翻訳家を雇うほどの資金がないために外国の共同研究者に翻訳作業が課せられるのは珍しいことではない。主任研究者の母語はスペイン語だったため，彼はチリの共同主任研究者にこの仕事の重荷を負わせたくなかった。実を言うと，調査が始まった後で共同主任研究者は，主任研究者がこの仕事を彼女に頼まなかった（押し付けなかった）ことに対して感謝の意を示した。

　質問項目が翻訳されると，それら全てをもう一度英語に翻訳する時間はなかった。その代わりに，翻訳を行っている間，プロジェクトの主任研究者とチリの共同主任研究者の間で各質問とそれぞれの回答選択肢について密なコミュニケーションが持たれた。続いて，調査票は 3 人のインタビュアー（調査スタッフ）によって確認され，この段階

でも多くの修正がなされた。最後に，30家族に対して調査票の事前テストが行われ，そこでもさらに変更が加えられた。後に調査票の使用が開始されてからも時間とともに表面化してきた問題に基づいて，いくつかの修正がなされた。これらの変更点の全ては注意深く記録に残された。

　先に説明した母親たちの要求が通って調査票になされた修正に加えて，下記の3つはさらなる修正が発生した事例である。これらはそれぞれに，チリの若者たちにとって適切な質問項目をまとめようとした両国チームメンバーの間での，時宜にかない，2言語に関係し，また配慮に富む協力関係の性質を明示している。

【事例1】

　チリのサンティアゴの調査拠点であるチリ大学栄養・食品技術研究所の調査スタッフによる定例会議の場において，若者に実施される調査票のいくつかの項目で使用される単語や言い回しについて疑問や疑念が表面化した。その旨はミシガンのプロジェクトコーディネーターにスペイン語の電子メールによって伝えられた。そのメールには，疑問がある項目の詳細とそれに対するチームの修正案が添付されていた。スペイン語が堪能なコーディネーターは，即座にそのメールに返信し，添付書類を検討して彼らの提案を考慮するように主任研究者と連絡を取ることをインタビュアーに伝えた。コーディネーターはメールを受信した直後に主任研究者に連絡を取り，添付内容について検討するために翌日面談する時間を設定した。調査スタッフが準備した書類は明瞭で理解しやすいものであった。それぞれの項目は調査票に記載されている順に提示されていて，どのように書き換え，または言いかえれば良いかなどについてのチームの提案が続き，そして，その項目がインタビュアーまたは若者の被面接者をどのように混乱させたの

かについての説明で終わっていた。提案の一つには，20 項目からなるポジティブな感情とネガティブな感情についての自己報告式の尺度である Positive and Negative Affect Schedule（PANAS）（Watson, Clark, & Tellegen, 1998）の中で使用されている，若者が理解に苦労したと調査スタッフが言う 2 単語の変更が含まれていた。設問には「次に，あなたの総じての気持ちについて教えてください。以下は，いろいろな情動や感情を表す単語のリストです。それぞれの単語が読み上げられた後，あなたが『ほんの少し，あるいは全く』，『少し』，『まあまあ』，『かなりの程度』，『非常に』のうちどのように感じるかお答えください」と説明されている。インタビュアーは，興奮したという言葉は性的なことを連想させるので，その単語は英語でそれぞれ動揺したもしくは情熱的なと訳される agitado や apasionado などの類義語に置き換えてはどうかと説明した。主任研究者，チリ人の共同主任研究者，調査コーディネーターは尺度の英語版を再検討し，この単語はスペイン語の enrusiasmado, content, animado と同様の，活気に満ちた，幸せな，熱心な，といった意味合いのポジティブな文脈において使用されていることを指摘した。主任研究者は，調査チームと一緒にこの解釈について議論した。さらなる議論のあと，測定を行う調査スタッフは，彼らが一番適切だと思う単語を選択するように求められた。チームはポジティブな含意のある apasionado という単語を選んだ。

　2 番目の敵意を持った，またはスペイン語の Hostile という単語は，若年層の参加者にとって一般的にあまり知られていなかった。スタッフは，agresivo（英語で aggressive）のほうが若者にとってより分かりやすい単語かもしれないと指摘した。主任研究者，チリの共同主任研究者，プロジェクトコーディネーターは，敵意のある人が必ずしも攻撃的な人ではないと合意した。彼らは英語類義語辞典を参照

して *hostile* と代替可能な類義語として *antagonistic*（スペイン語で *antagonista*）のような単語を見つけ出し，それを代替案として提案した。チームにおけるさらなる議論のあと，調査スタッフは *hostile* という単語を *defensive*（スペイン語で *defensivo*）という単語に取り替えるのが望ましいと提案をした。調査スタッフは，*antagonistic* はチリにおける日常会話で一般的には使用されていないという経験から，*antagonista* という単語を使用することは好ましくないと指摘した。彼らは，この単語を使用することでその意味について若者に混乱を生じさせ，*hostile* の場合と同じように，単語の意味を説明するためにインタビュアーが介入することになってしまうと主張した。彼らはまた，*antagonistic* という単語は文学においてより一般的に使用されるものであり，若者はその単語から映画の中の「悪い男」や悪党を連想すると指摘した。彼らは次のように述べた。

> Básicamente la palabra "antagonista" no es muy utilizada en el habla cotidiana y caeríamos en el mismo problema de tender que explicar que significa. "Antagonista" es usada más que nada en jerga literaria y muy probablemente se asocie a "ser el malo de la película" por parte de los adolescents.（基本的に，*antagonistic* という単語は一般的に使用されるものではなく，それが何を意味しているのか説明しないといけないという同じ問題に陥ってしまうだろう。*Antagonistic* は文学の世界で使用されるものであり，若者はこの単語を「映画の中の悪者」と結びつけて考えると思われる。）

【事例 2】

インタビュアーによる 2 つ目の提案は，定評のあるタバコ消費調

査票から抜粋した若者の一般的なタバコ消費への意見を測る尺度において，インタビュアーが出す指示の言い回しに関する言及だった。その指示には「次の意見に関してどの程度賛成または反対するか教えてください」とある。スペイン語では，「*¿Me podrías decir cuān de acuerdo o en desacuerdo estás con las siguientes afirmaciones?*」となる。インタビュアーたちは，この指示から若者が喫煙者であるという前提が伝わってくると感じた。若者のグループとこの点について議論した後で，インタビュアーの前提に関する若者の受け取り方を軽減するために，チームは「もしあなたがタバコを吸わないとしても，次の意見に対してあなたはどう考えますか？」へと指示を変更したがった。スペイン語では，「*¿Quě opinas respecto de las siguientes afirmaciones, aunque tū no fumes?*」となる。インタビュアーは定例会議においてすでにこの点についてチリの監督者に指摘しており，彼女はその指摘に同意していた。監督者は，インタビュアーたちはこの若者グループに対する面接に関して豊富な経験があり，若者が指示をどう解釈し，質問にどう回答するかについて非常に鋭い感覚を持っていることを認識していた。ミシガンの主任研究者とコーディネーターは，信頼して高く評価し，指示を修正したいとするインタビュアーの提案に同意したのだ。

【事例3】

　また他のケースでは，英語とスペイン語を完璧に使いこなすメキシコ系移民であるアメリカのプロジェクトコーディネーターが，外見に対する若者の認識を問う質問項目の回答選択肢にいくつかの変更を加えたほうがいいと指摘した。外見に関する箇所で，若者は「身長はどれくらいですか？」，「今すぐなれるならば，どれくらいの身長になりたいと思いますか？」，「体重はどれくらいですか？」，「どれくらいの

体重になりたいと思いますか？」といった質問に答えるように求められる。回答の選択肢は，メートルやセンチメートル（体重の場合はキログラム）での数値か，もしくは「分からない」という答えで構成されていた。若者にとって正確な数字を述べることが難しく，「もっと」「より少なく」「同じ」のような一般的な単語で答える傾向があり，時によってはインタビュアーに「どれくらいであるべきだと思うか？」などと聞き返すこともあることが発覚した。インタビュアーは以下のように述べた。

> Creemos que es importante, si se pudiera, agregar estas alternativas porque es una situaciȯn frecuente el que los lolos te contesten que están bien o que les gustaría pesar o medir lo mismo que ahora. Esto es distinto a no sě.（若者たちが，大丈夫であるとか，体重や身長はこのままで良いと回答する場合があるので，もし可能ならば，そのような回答をつけ加えることは重要だと思う。これらの回答は「分からない」とは異なっている。）

　それゆえ，こういった観察と若者からのフィードバックの結果として，このようなタイプの答えを記録するために回答選択肢が追加された。数値が答えられる若者には引き続きそうしてもらったが，そうでない若者たちにも選択肢が与えられたのである。調査票に修正が加えられたこれら3つの例は，翻訳が完了し，若者とその親に対して調査票の事前テストが行われた後に発生したことに注目すると興味深い。それは，進行中のプロジェクトでも，修正の可能性について継続して用心する必要性を示している。またこれらは，調査参加者の声を聞くことや，スタッフと研究者たちの間や，またスタッフと主任研究者らの間でオープンなコミュニケーションを維持する重要性についての良

い例でもある。

サンティアゴ縦断調査の付加的な要素は *manzanas* と呼ばれる居住ブロックに関する体系的居住地区評価である。これはチリの居住地区の特徴を念頭に設計されているが，この章ではページ数の制限の関係でどのように作成されたかについての説明は行わない。それには何年にもおよぶ調査設計，事前テスト，改良のプロセスを含んでいると言うだけで十分だろう。居住地区を評価するために使用した項目のいくつか（たとえば，うち捨てられた建物がない）を除いては，チリの文化的要因やサンプル特有性が修正にどの程度反映されているのかを明言はできない。しかしながら，修正は若者や彼らの人生の発展段階に配慮され，調査者に寄せられた親子の意見を考慮したものであり，現場スタッフの見解への対応を示すもう一つの例だと自信をもって言える。それらの変更は調査の改善に確実に役立ったのだ。

■縦断的調査におけるデータについて

数多くの尺度やデータがあり概念モデルが複雑なので，鍵となるいくつかの例のみをサンティアゴ縦断調査における分析計画を説明するために使用する。第一に，分析計画は反復測定を活用する。仮説の検証は単純なモデルから始まり，より複雑な分析に移行するように順を追って行われる。独立変数の多くは相関しているので，変数のいくつかを選択するか，因子分析や包括的な特徴や環境システムを説明する潜在変数を新たに展開して複合指標が作成される予定である。同じ調査回内でのばらつきや調査回が出る間隔のばらつき，そして回答の調査回によるばらつきによって，ほとんどの分析において調査回ではなく，年齢のほうが期間の単位として使用するにはよりふさわしい（Mahta & West, 2000）。サンティアゴ縦断調査においては，ある時点における変数の線形の関係性について検証するために，分散分

析，重回帰分析，多変量分散分析，多変量共分散分析，などの古典的分析方法を使用する。分析に既存のデータや親データを使用する場合は，データの非独立性を説明するために当てはまる場合はマルチレベル混合モデルが適用される。階層線形モデル（HLM），階層化一般線形モデル（HGLM），潜在成長モデル（LGM），混合成長モデル（GMML），一般化混合成長モデル（GGMM），などが縦断的データを検証する主要な手法になるであろう。潜在成長モデルにおける推定の統計的ベースは構造方程式モデリングから導かれる。古典的な構造方程式モデリングが観測変数の共分散構造だけに焦点を当てていたのに対して，潜在成長モデルの推定は平均構造と共分散構造の両方を分析する（Meredith & Tisak, 1990; Muthén, 2001; Muthén & Muthén, 2000; Raudenbush, Bryk, Cheong, & Congdon, 2004; Willet & Sayer, 1994）。

それゆえ，データは2つのレベルにおいて分析される。レベル1が標本内モデルでレベル2が標本間モデルである。レベル1のモデルでは，それぞれの若者の成長曲線が推定される。従属変数は様々な時点における観測値である（たとえば，3時点以上におけるアルコール消費）。初めの状態（成長曲線の切片）と変化量（成長曲線の傾き）はモデル中では潜在因子として表される。レベル2のモデルにおいてはこれらの潜在因子は従属変数となる。独立変数の成長曲線への効果が推定される。混合成長モデルは潜在成長モデルと潜在クラス成長分析を組み合わせたものである。それは，潜在的なクラスごとの異なる成長曲線を推定し，全ての回答者がそれぞれのクラスに属する事後確率の情報を提供するものである。混合成長モデルはまた，各潜在クラスにおいて平均成長曲線からのばらつきを許す（Muthén & Muthén, 2000）。一般化混合成長モデルは，異なる曲線クラス間における関連，それらに対する予測変数，その結果の推定を可能にする柔軟な統

計的枠組みを提供する（Muthén & Muthén, 2000）。我々はまた，子どもの性や年齢に応じてどのように項目が「振る舞う」かについて検証するために，項目応答理論や確認的因子分析を用いてデータ分析を開始したところである。

検定力分析の例は，第3章において詳細に述べたのでこの章においては提示しない。しかし，この縦断的デザインにおいて一点異なるのは，時系列的な測定から生じるデータの依存性を検定力分析において考慮する必要があるということである。南米における横断的研究では，非独立性，つまりクラスター化は，クラスターサンプルによって独立性が欠如したことと関係していた。縦断的調査における独立性の欠如は，たとえば，多少なりとも似ている要素（たとえば，子ども）を含む単位（たとえば，学校，地区グループ，診療所，病院，コミュニティセンター）から抽出されたサンプルの場合はクラスター化にも関係するものの可能性もあるが，主として観測の反復によるものである。

次のセクションでは，読者のみなさんにとってとりわけ興味深いと思われる，ミシガン州デトロイトにおける心的外傷後ストレス障害に関する縦断的調査（http://detroitnrighborhoodhealthstudy.org/）から2つの特定の要素について説明する。

◆────デトロイト地区保健調査

国立薬物乱用研究所と国立精神保健研究所に助成された研究であるデトロイト地区保健調査（DNHS）は，心的外傷後ストレス障害と薬物使用に影響を与えるうる環境要因（たとえば，集積された不利な状況，収入格差，住宅の隔離，住環境の質）に焦点を当てている。ここではこの研究についての2つの革新的な側面を大きく取り上げる。1

つ目は，人口研究における免疫機能不全を測定するバイオマーカーの使用である。2つ目は，体系的な居住地区評価を行った際の大学生とコミュニティの住民の組み合わせ方を含む人事についての議論である。

■免疫不全の測定

　デトロイト地区保健調査の重要要素は，環境的なストレス要因が免疫機能の不全に関連しているかどうかを検証することである[1]。このリサーチクエスチョンを検討するために免疫・炎症マーカーが使用されることになっている。デトロイト地区保健調査のこの局面は，ミシガン大学社会疫学および人口保健センターの疫学助教授アリソン・アイエロ（Allison Aiello）博士の指導下にある。アイエロ博士の仕事は，ウイルスやバクテリアによる慢性疾患につながる病気の人種・社会的格差を軽減させることを目的としている。心理的・社会的または身体的ストレス要因が，EBウイルス（EBV）やサイトメガロウイルス（CMV）を含む潜在的なヘルペスウイルスに対する抗体反応の増加の引き金となるという他の研究者による報告（Kennedy, 1996）をふまえて博士は，ストレス要因が体液を介在する抗体反応の増大に至る生物学的経路は，細胞の免疫抑制を経由したものであると仮定する。

　この仮定が検証可能なのは，たとえば，ヘルペスウイルスの抗体レベルは最も一貫したストレスの免疫マーカーであり（Herbert & Cohen, 1993），EBウイルスとサイトメガロウイルスは成人の間で極めて一般的に存在しているからである。これら2つのウイルスの潜伏感染率は90％から100％と見積もられている（de Jong et al., 1998;

---

[1]　環境ストレスと免疫不全のつながりについてより理解を深めたい読者にはアイエロ，シマネクとガレア（Aiello, Simanek, & Galea, 2008），ダウド，アイエロとアレイ（Dowd, Aiello, & Alley, 2008），ダウド，ハン，モア，ブライスとアイエロ（Dowd, Hann, Moore, Blythe, & Aiello, 2008）およびジャジャコバ，ダウドとアイエロ（Zajacova, Dowd, & Aiello, 2009）による論文を推奨する。

Hanle & Henle, 1982)。一般的に幼少期に感染するが，潜伏感染を根絶する治療方法はなく，ウイルスは生涯にわたり存在する。この研究では環境ストレスがどの程度関連しているかを分析するために，ウイルスの有無を測定する採血が行われた。デトロイト地区保健調査のこのユニークな側面は，与えられた環境を人々がどのように渡り歩いているのかということについてより良く理解するためには，心理的・社会的な要素のみでなく，生物学的なものも測定することが重要だと強調している。また，デトロイト住民が学術研究者に対して持つ歴史的な不信感によって，デトロイトの人々，特にアフリカ系アメリカ人は血液サンプルの提供に応じないだろうと言う多くの人々に出会ったことも注目すべき重要なことだろう。そういった状況に対する準備として訪問看護師協会からデトロイトに勤務するコミュニティの看護師を雇用した。おかげで調査への参加は非常に良好に進んでいる。ここで再度強調すべき重要なことは，関係性と信頼感の存在によって我々が参加者の生活へ入って行くことが可能になったということである。同じ同意書と文言を使用してもコミュニティの住民に知られていないプロジェクトスタッフであれば，この研究の遂行はもっと難しいものであっただろう。ここでの教訓は，歴史的事実を認め，それに対して配慮する計画を立てるのが重要だということである。このケースにおける配慮の側面は，調査のためにコミュニティから看護師を雇用したことであった。

■学術界と「現実」世界が出会うとき

　デトロイト地区保健調査から注目したい2つ目の側面は，体系的居住地区評価を実施するときに生じた8人の学部生と大学院生，13人のデトロイトコミュニティの住人の間に見られたダイナミクスに関するものである。これらの人々は，2008年の夏に6週間かけてデト

ロイトにおける 54 の居住地区にある 138 ブロックの体系的な評価を行うために雇われた。非常に異なる背景を持つ 2 つの集団には多くのチャレンジがあった。しかし，共通目的の達成のために同じ場所に居るうちにチャレンジは成功となったのである。表 4.1 はチャレンジのいくつかを一覧表にしたものである（Monper & Nordberg, 2008）。

表 4.1　学術界と「現実」世界が出会う際のチャレンジの例

・**ロジスティック**
 ・デトロイトにおいて安全かつ便利で利用しやすい場所にあるトイレを見つけること
 ・都市で運転をした経験がある運転手を見つけること
 ・人材をスケジューリングすること
 ・安全面での問題，居住地区についての知識，歩く速さ，地図を読む能力，調査票に関する知識を考慮してデータ収集のペアを組むこと
 ・歩くスピードと送迎ポイントを考慮してルートを作成すること

・**恐れ**
 ・学生の居住地区に対するもの
 ・学生の貧困に対するもの
 ・官僚制度を信用していないデトロイト住民の賃金の遅配に対するもの
 ・学生と住民両者の犬の群れに対するもの
 ・学生の居住地区の住民に対するもの

・**差異**
 ・年齢
 ・ジェンダー
 ・社会・経済的地位
 ・人種とエスニシティ
 ・人生経験
 ・教育
 ・方言
 ・特権
 ・デトロイトについての知識

・**不快感**
 ・暑さや嵐の中で歩いたり運転したりすること
 ・狭苦しいバン
 ・人格的な衝突

これらのチャレンジは，学生とデトロイト住民の双方が，プロジェクトを綿密かつ効率的に完遂するためグループとプロジェクトの日々のニーズに対して，より意識的になったことで首尾よく克服することができた。どのようにしてグループが進化し，お互いに協力し合ったのかについていくつかの例を以下に述べる。

1. 気付き。ひとりひとりが居住地区へ行く日々の経路を理解するようになり，トイレや安価な食事場所を探した。
2. 戦略的協力体制。性格，身体能力，調査技術（たとえば，地図を読むのが上手い人は居住地区評価が得意な人とペアを組む）に関して誰と誰が一緒に働きやすいかについての知識に基づいてバンの割り振りがなされた。
3. 動機。一定の居住ブロックの評価を暑さや荒天を避けてタイムリーに終了させる取り決めが一日の始め，または一日の途中で行われた。
4. 結束性。バンは常に居住地区に一緒に停留しており，調査士はペアで働いた。
5. 安全性。学生は潜在的な危険に対するコミュニティ住人の直観や知識を尊重することを学んだ。学生はコミュニティ住人と，または男性は女性とペアを組んだ。
6. 健康面。水は十分に用意され，調査士用にエアコン付きのバンが提供され，また高齢者や身体が不自由な人のためには多くの休憩が設けられた。
7. 柔軟性。全ての人が交通手段を持っているわけではないので，自宅が近い場合は作業終了後に近所で下車しても良いことにグループは同意した。また昼食の選択肢について議論し，いつどこで食べるかについて譲歩した。

8. 文化的配慮。学生は，デトロイトの同僚には基本的な必要の満たされていない場所に居住している者がいることに気がつき，それゆえ，ある特定の居住地区の状態についてコメントすることについてより慎重になった。

9. エンパワーメント。デトロイト住民は，彼らの「草の根の」知識が学生たちの「文献の」知識と同じくらい価値あるものだということに気付くようになった。何人かのデトロイト住民は，大学生とのポジティブな交流の結果として大学に戻ることを動機づけられた。

10. プロフェッショナリズム。学生と住民の両者共に，地域住民との交流において（自分の）スタイルを築いて，プロフェッショナリズムを十分に発揮し，自分が大学を代表しているという意識も持った。

　これらのことは，人格的衝突が起きなかったとか，人種にまつわる問題が生じなかったということを述べているわけではない。それらはあった。しかしながら，グループのメンバーは，プロジェクトを完遂させるために彼らの間にある違いを乗り越えることが出来た。グループがより団結するにつれて，あるメンバーに影響を与える何か外的な問題が起こったとしても，彼らはグループとして一緒に克服しようとするようになったと報告できることを嬉しく思う。プロジェクトを成功させた両グループメンバーの力量と（個人的に誇りに思う）彼らがなしとげたことは，学術界と「現実世界」においてしばしば生じるギャップの橋渡しをした相互協力の結果であった。

◆───終わりに

　この章では，異なる集団を対象として現在実施中の2つの縦断的調査の重要な側面について説明した。サンティエゴ縦断的調査は，プロジェクトの成功のためには，調査者間や調査者と参加者間における信頼できる長期的な関係を構築することが重要だと大きく取り上げた。この章ではまた，データ収集の革新的技術，被験者保護の問題，高度なデータ分析アプローチ，国際的な環境で調査を行うことの難しさ，なども強調されている。また，集団の特徴に配慮した研究について詳細な解説も行った。当初は標準的な量的調査として計画されたが，プロジェクトの最初の2年間に，2つの質的調査も組み入れて行った。最初の調査では，様々な *comunas*（居住地区）を代表する無作為に選出された31家族が，生活の質，居住地区の特徴，暴力，若者が直面する困難への対策，助けを求める行動，などについての自由記述式と回答選択式の半構造的インタビューに参加した。この調査から我々は，居住場所の作用としての薬物使用や家庭内暴力についていくつかの興味深い違いを特定した。家族が路地（*pasajes*）に住んでいるか，メインストリートに住んでいるかによってこれらの行動において違いが見られた（Sanches, Delva, & Castillo, 2007）。我々はまた，家族が居住する地区について標準化された体系的評価を行い，重要な文脈的データも手に入れた。それらの顕在化したテーマをより深く探求するために11人の親に対する詳細なインタビューからなる追加の質的調査も1年後に行った（Horner, Sanchez, Castillo, & Delva, 2008）。後続の調査は，最初に得た知見を説明し，拡張する役に立った。この質的調査において，既存の文献では見たことがなかった，犯罪活動を外部（彼らの居住地区外）の非行的アイデンティティに帰して非難する *los delincuentes*（非行少年）という概念が出現した（Horner,

Sanchez, Castillo, & Delva, 2012）。ここで我々がこの質的調査について言及したのは，異なる調査方法がいかにして一つの研究に追加されうるのか，そして第2章で説明したように，複数の調査方法の使用がある現象に対する理解をいかにして飛躍的に高めうるのかを示しているからである。

　2つ目の研究では，心的外傷後ストレス障害の縦断的調査を，生物学的データの収集，ここでは社会心理学的アプローチを補完するために免疫機能不全を測定すること，そしてその測定をコミュニティ住人が持つ不信感を考慮しながら実施する重要性の例として使用した。この研究からはまた，居住地区内で体系化された評価を行う際に大学生とコミュニティ住人がペアを組んだ時に生じた緊張関係の例を提供した。それから，そういったチャレンジのいくつかとそれらに対して上手く対処した方法について議論してきた。

第5章

コミュニティにおける実験デザインの使用

　この章では，デトロイトで最も貧しい地域に居住する幼児（6歳以下）の母親である，低所得アフリカ系アメリカ人の女性を対象にした二群ランダム化比較試験がどのように設計され，実施されたのかについて説明する。準実験的デザインと実験的デザインの強みと弱みの詳細については，キャンプベルとスタンレイ（Campbell & Stanley, 1966）およびクックとキャンプベル（Cook & Compbell, 1979）による古典的著作をお薦めする。

　この調査はエティックとエミック・アプローチの組み合わせを使用して行われた。介入の手順において生物学的母親または他の女性養育者を募集する必要があったため，ここでのエミック的な要素（基本的に介入を個別化したこと）は，全てではないにせよほとんどが，社会・経済的地位やジェンダー問題への配慮から決定された。調査参加者がアメリカにおいて経済的に最も不利な立場にある人々だったことにより，アフリカ系アメリカ人の文化的要因によって調査が動かされることはより少なかった。この調査における調査参加者への配慮とは，潜在的にありえる固定観念となっているようなアフリカ系アメリカ人の文化的要因に対して配慮するというよりも，あからさまなトラウマや受け入れ難い経験ではないとしても，経済的に不利な状況にあ

る人々が直面する困難に配慮することであった。たとえば，貧しい家族が居住する地域では，より裕福な地域においてよりも健康的な食品（たとえば，新鮮な果物や野菜）の入手が格段に難しく，そのうえ，手に入るとしてもそれらを購入することができないかもしれないのだ。この調査において調査参加者に対する配慮は，アフリカ系アメリカ人の文化的側面よりも，彼らの生活を取り巻く構造と経済状態に対して注意深くなることに関係していた。

　この研究の目的は，口腔衛生を向上させるための多面的な介入の効果を検証するランダム化比較試験を行うことであった。口腔衛生の向上は，社会・経済的立場（たとえば，歯科医療や最適な栄養へのアクセスについての問題）やメンタルヘルスを含む多くの要因によって影響を受けるため，介入はこれらの事柄に対処するように設計された。これら複数の要因に同時に取り組むことができる介入の設計は，介入研究を行う際に複数のアイデンティティの交接性をいかに考慮するかを示す良い例であり，そしてそれは，調査に携わる人々が取り込むべき観点でもある（第7章の議論を参照）。

　この研究は国立歯科・頭蓋顔面研究所（the National Institute on Dental and Craniofacial Research, NIDCR）から資金の助成を受けた。この章では，リサーチクエスチョンの形成，理論的モデル，プロジェクトの開発と実施を導いた事柄について説明する。紙幅の都合のほか，介入の開発について焦点を当てておくために，この章では使用したデータ分析戦略については議論しない。しかしながら，複雑なサンプリング設計と縦断的コンポーネントを踏まえて，先の章で説明したのと同様に，相互に関連したデータを分析するための適切なアプローチを使用したことは述べておく。

　低所得のアフリカ系アメリカ人家族とその子どもたちの口腔衛生を向上させるという研究目的は，口腔の衛生において著しい格差が存在

するという認識から立ち上げられた。口腔衛生の格差に取り組むために，ある歯科学部の上級教員によって口腔保健センターの競争資金に申請するための学際的チームが結集された。センターは，デトロイトの低所得者の口腔衛生を向上させるのに役立つ知識を生み出すため，いくつかの関連するプロジェクトを実施することになっていた。プロジェクトのうちの一つが二群ランダム化比較試験デザインであった。このプロジェクトの設計は，ここで我々が「ベースライン調査」または「第一フェーズ」と呼ぶ，先行するコンポーネントに基づくものだった。

　ランダム化比較試験の１つ目の群（介入）は，複合コンポーネントで，対象を絞って個別設計された動機づけインタビューと歯科保健教育プログラムからなっていた。２つ目の群（コントロール）は，口腔衛生教育のコンポーネントのみを含んでいた。介入プログラムの主な目標は，口腔衛生を全体的に向上させながら（たとえば，歯磨きやデンタルフロスの使用），虫歯の率を減らすことだった。介入の設計には，以前に介入研究を行った経験，社会的に不利な立場にある人々を対象に行った調査からの情報，望ましくない行動を減らし健康的な行動を増加させるために対象に合わせて個別に介入方法を設計することに関する様々な分野（たとえば，禁煙，マンモグラフィ検診，身体活動）の先行研究を参考にした。チームはメタ分析およびシステマチックな批評に最大限の注意を払い，独自の体系的な再検討を行った（Bailey, Delva, Gretebeck, Siefert, & Ismail, 2005）。チームはまた，介入の一部となる構成要因について広範囲なベースラインデータを入手した。そこには，口腔衛生に関する詳細な情報（たとえば，歯磨きの習慣），歯科医療について利用できる度合い・利便性・適切さ・妥当性・支払い能力，栄養に関する習慣にまつわる広範囲の情報が含まれる。口腔衛生に対する認識・態度・信念，メンタルヘルス，物質的

困窮度，しつけについて，そして介入を可能にするその他数多くの要因（たとえば，変化に対応する準備が親にあること，家族や環境の状況，差別の経験）もまた評価された。この章の後の部分で説明するベースライン調査（第一フェーズ）で得たデータもまた，複合コンポーネントで独自の介入を設計するために使用された。サンプル抽出や参加者募集手続きおよび介入の実施について詳細に議論する前に，この調査を導いたリサーチクエスチョンや理論的モデルに関する重要情報を提供する。

◆―――リサーチクエスチョンと理論的モデル

　長期的な目的は，複合コンポーネントで対象を絞って個別設計された効果的な介入を開発し，低所得層の子どもとその養育者の健全な口腔衛生を促進・維持し，口腔病を予防することである。プロジェクトは，養育者の歯周病やその子どもたちの未治療の虫歯を減らし，予防する介入の効果を評価するとともに，そのような臨床結果が個人的・環境的・社会的要因の影響をどのように受けているのかを理解することを目指した。コントロール群と介入群どちらの参加者も口腔衛生や関連する行動について調査票を記入し，歯科医の検診を受けた。歯科検診と歯科医による簡単な説明の後，家族は指標となる子どもの虫歯の状態（虫歯なし，初期症状のみ，虫歯あり）と年齢に従って層別された。これらのデータは子どもと家族をコントロール群と介入群に無作為に割り付けるために使用された。この章に収めた文章の一部は，運営説明書を開発する目的で介入プロジェクトの主任研究者（本書の著者の一人）が調査チームと共に出版した過去の刊行物を修正したものである。国立衛生研究所は以下のように運営説明書の目的について説明している。

……患者間やそれぞれの臨床現場において一貫性のある調査計画の実施やデータ収集を促進すること。運営説明書はまた，科学的倫理基準や患者の安全が詳細に監督されていることを全ての参加者に再保証し，研究結果が科学的に信憑性あるものになる可能性を増大させる。運営説明書は臨床実験の実施や運用に必要な情報を含むツールキットに類似している。それは調査プロトコルを，研究組織，データ運用上の定義，患者の募集，適性検査，登録，無作為化，追跡調査，データ収集方法，データの流れ，ケース報告書式（CRFs），品質管理手続きについて説明するガイドラインへと変換するものである。運営説明書の開発には最終的な調査プロトコル，ケース報告書式，同意書，不都合または非常に不都合な出来事の報告，データ管理，患者スクリーニング記録，患者登録記録，責任の委任記録，などのような管理上の書類の作成が完了していることが必要である（http://www.ninds.nih.gov/research/clinical_research/policies/mop.htm. 2009年1月4日にアクセス）。

このような重要書類に含まれるべき情報の種類についての詳細な記載があるので，ランダム化比較試験の実施を考慮中の読者は，国立衛生研究所ウェブサイト上の運営説明書についての事柄を一読することをお勧めする。

研究を導く理論的枠組みとしては，(1) マンモグラフィ検診，出生前健診，ダイエットなど類似の保健行動に対する教育的介入についての詳細な文献調査，(2) 行動理論についての精査，(3) 調査票の質問項目間の関係を究明するベースラインデータの分析，といった体系的プロセスを経て社会的認知理論（SCT）に決定された。それらの調査結果に基づいて，社会的認知理論から，教育用ビデオ，動機づけイン

タビュー，目標設定，社会的障害を乗り越えるための資源，追跡調査コンポーネントを含む，対象を絞って個別に設計された教育的介入が導き出された。

　行動変容に関連する諸理論については，対象集団（低所得のアフリカ系アメリカ人の子どもとその養育者），歯科衛生行動，経時的な変化に気が付く敏感さに関係するものが調査された。教育的介入の理論的基盤は社会的認知理論であった（Bandura, 1986）。社会的認知理論は，自発的学習，社会心理学，認知心理学の分野から発展した。その理論は，行動は相互に影響し合い，個人的および社会的・物理的環境要因によっても影響されると仮定する。さらに，ほとんどの人間の行動は，ゴール志向的で目的があり，事前の考慮によって導かれており，よって人々は積極的に自らの環境を形作ることができるとしている（Maddux, 1995）。結果として，人間の行動は行動・認知的な影響源に基づいているという訳である。

　鍵となる個人的要因は，認識，それもある行動を遂行するための自信（自己効力感）を含むものである。バンデューラは自己効力感を，期待された結果を生み出す（行動が特定の結果を導く）ある特定の状況下において，ある活動や行動を上手く行うことができるという個人的な確信（効力期待）についての予期であると定義する。効力期待はその程度，普遍性，強度において変化し得る。それゆえ，教育的介入は，健全な歯科衛生を達成するための現実的な目標に到達する成功体験を増進することを通して自己効力感を高めるように計画された。

　社会的認知理論に基づいて，歯磨き，糖分摂取量の低減，定期的な歯科通院などの歯科保健行動の変容を促がす社会的・環境的・認知的要因を含んだ複合的コンポーネントの教育的介入が開発された。

◆────教育的介入に関する文献調査

　マンモグラフィ検査，出生前健診，ダイエットなどの行動を促がすには，行動変容に向けたどのような種類の介入や理論的枠組みが効果的なのかを判断するべく文献調査が行われた。しかし，低所得層向けの行動変容のための教育的介入の基準に合致する出生前健診やダイエットに関する研究は，あまり行われていなかった。マンモグラフィ検査に関しては，基準に合うものが数多くあったので，文献調査はマンモグラフィ検査に焦点を当てることになった。

■マンモグラフィ検査

　マンモグラフィ検査に関する体系的な文献調査では，仲間の教育者の使用，複合的な介入戦略，ワゴン車による交通の利便性の確保，サービス券の提供，家庭訪問，などがマンモグラフィ検査実行数の増加に効果的であると示唆されていた。だが，我々の体系的な調査から，手紙や電話での再通知は低所得の女性たちの検査数の増加には効果的でないことが分かった（Bailey et al., 2005）。また，記載がある場合には，使用された理論モデルに照らして介入方法について評価を行った。これらの理論は，社会的認知理論，健康信念モデル（ヘルスビリーフ・モデル），自己効力感（セルフエフィカシー）モデル，事前・事後モデル（プレシード・プロシード・モデル），継続モデル（アドヒアランス・モデル），トランスセオレティカル・モデル（TTM）などである。先行研究を理論モデルごとにまとめると調査結果は混合していた。つまり，どの特定の理論モデルの使用もプログラムの有効性を意味するわけではなかった。

　理論モデルや行動介入の文献調査に基づいて，教育的介入を導く理論的枠組みとして社会的認知理論が選ばれた。特に，この理論は，行

動は結果（肯定的なものであれ否定的なものであれ）についての個人の期待，そして行動に従事またはそれを実行する自分の能力に対する自信に基づくと仮定する。このモデルは，ダイエット，運動，マンモグラフィ検査，出生前健診のようなコミュニティを基盤にしたプログラムに適応されてきた。それはまた，薬物使用や喫煙のようなネガティブな行動を排除するためにも使用されている。社会的認知理論は経時的な行動変容を発見することができるとされている。

　社会的認知理論における重要な社会・環境的要因は手本の提示と社会的サポートであり，この調査では口腔衛生を向上させるための歯科施設（歯科医院）と資源（歯科医，資金，交通手段）へのアクセスが含まれる。さらに，社会的認知理論の原則に則ってこの介入は，歯科保健行動の自己効力感を向上させるために知識や前向きな促進行動を使用するよう設計された。知識面での介入は対象者のために開発したビデオを含んでいた。ビデオに登場する歯科医がデトロイトで診療するアフリカ系アメリカ人であったことは重要なポイントである。彼女の患者は調査が行われた地域に居住するアフリカ系アメリカ人の子どもであり，参加者が勧誘された近隣地区でビデオは撮影された。動機づけインタビューを行うスタッフは全てアフリカ系アメリカ人だった。ビデオの全内容と動機づけインタビューの内容は，科学とコミュニティ諮問委員会およびフォーカス・グループに参加した地域のメンバーからのフィードバックによって評価・査定された。会合を通じて介入の2つの側面が浮き彫りになった。1つは，ビデオのバックグラウンドとしてラップ音楽を使用しないで欲しいという家族からの要求で，もう1つは，介入のどの側面においても医学的な専門用語の使用を控えないで欲しいという点だった。誰かの言葉を借りれば，「貧しいということは馬鹿だということではない」ということである。我々の経験では，専門用語や技術的な用語を使用しても，人々の間の距離

感や疎外感を作り出すことを意図したものでなければ人々は気にしない。それゆえ，ビデオでは，たとえば，「虫歯」ではなく「カリエス」と呼び，他の歯科的・医学的専門用語も分かりやすい説明で補足しながら使用した。これらの用語を理解することは家族にとってもより効果的に自らの口腔衛生を管理するため，特に口腔衛生従事者とのコミュニケーションを向上させるためにもまた重要なことであった。

　前向きな促進行動は，介入の中でビデオや動機づけインタビューの部分において発生する。口腔衛生（歯磨き，糖分摂取量の低減，歯科受診）を向上させる自信についてはビデオや動機づけインタビューの中で言及した。参加者は動機づけインタビューの間，障害となるものを考慮に入れた現実的な目標を設定するように促された。参加者は行動を遂行するための自信（自己効力感）や，障害を克服するための戦略を評価する。動機づけインタビューの目的は，スタッフが目標を課すのではなく，参加者が取り組みたいと思う目標を選択できるようにすることである。これらの理由から，家庭での炭酸清涼飲料の摂取を減らすように取り組むこと，子どもが哺乳瓶をくわえながら寝ないようにすること，食事後（最も重要な時間帯）に最低でも1日2回は歯磨きとフロスを行うこと，糖分の多いお菓子を子どもに与えようとする子どもの面倒を昼間見ている大人に対してより断固とした態度で話し合うこと，コミュニティ住人用の庭を設置するためにコミュニティに働きかけることなどを選択する人々がいた。おそらくお分かりのように，特定の個人に特化した形で情報が使用されるので，この調査で採用されたアプローチを調査対象集団一般へと広げる必要がない。教育的ビデオは，参加者に役立ち得る一般的な口腔衛生についての助言を含んだ焦点を絞ったアプローチを使っており，動機づけインタビューは全て，個人の特徴に合わせて個別に設計された。社会的・環境的要因（たとえば，歯科医へのアクセスや医療に対する支払い能力

表5.1　社会的認知理論概念の介入への適用

〈概念〉	〈定義〉	〈介入における適用〉
環境	物理的に個人の外部にある要因	介入の最後に議論される社会的障害を克服・対処するための資源
行動能力	行動するための知識と技能	技術トレーニング（ビデオ）による歯磨きスキルの習得
期待	行動の予想される結果	歯科医を通じた歯磨きや糖分摂取量低減についての前向きな結果のモデル提示（ビデオ）
予期	行動の結果や報酬に対して個人が置く価値	機能的意味を持つ形（ビデオと動機づけインタビュー）で示された良好な口腔衛生の結果
自己コントロール	ゴール志向の行動や動作の個人的コントロール	養育者が決めた現実的な目標
観察学習	他人の行動やその結果を観察して起こす行動	歯科医（信用できるロールモデル）による正しい歯磨きの方法
強化	行動が繰り返される見込みを増減させる個人の行動に対する反応	歯科医や保健支援者による肯定的強化，報酬の決定
自己効力感	特定の行動を遂行する個人の自信	行動変容は少しずつ発生し，経時的に特異性が増加
情緒的コーピング反応	情緒的刺激に対応するために個人が使用する戦略や戦術	ストレスがかかる時期において行動を実現するための問題解決方法
相互決定論	行動が実行される個人的，行動的，環境的要因の動的な相互作用	介入には環境・スキル・個人の変化による行動変容を含む

がないこと）については，コミュニティに存在する地域資源にアクセスできるよう担当機関に紹介することで対処した。表5.1 は，社会的認知理論の理論的概念に言及する研究における，多様な介入の側面についての要約である。

　社会的認知理論による活動は個人に重点を置いた介入を開発することに焦点を当てていたが，口腔衛生センターが同時期に他のプロジェクトを進行させていたことはここで注目すべき重要な点である。口腔衛生センターは，社会的認知理論から得た情報に沿いながら，また科学とコミュニティ委員会や教会の指導者およびその他の利害関係者と協力しながら，ミシガン州デトロイト市における口腔保健医療の改善に資する法律を通すため，政治家への根回しに必要な情報をまとめていたのである。

◆───プロジェクトの開発と実施

■サンプリングと参加者の勧誘
　調査に参加した子どもたちは，6 歳以下の子どもがいる割合と貧困線 200％以下の収入のアフリカ系アメリカ人世帯の割合が最も高いデトロイト市内の 39 の国勢統計区の世帯から無作為に抽出された。調査対象集団は約 35,000 世帯から構成され，そのうちの約 17％の世帯に調査に適した子どもがいることが期待されていた。勧誘された世帯は収入の最も低い層（2000 年の所得貧困線の 250％以下）であった。

　調査スタッフは，3 ヶ月以上を費やしてプロジェクトの対象となる居住地区のリストアップを完了した。リストには，指定された地域に存在する世帯の特定とその記録を含んでいた。さらに，リストには住宅だけでなくその地域にある全ての建物をリスト化することも含まれていた。より厳密に言えば，調査のサンプルは，二段集落抽出法を使

用してサンプリングされた。第一段階では，調査地域の1,526国勢調査細分区が第一次抽出単位であった。それらは，国勢統計区番号そして国勢調査細分区番号の順番に記載された。合計で118の国勢調査細分区が人口規模による確率比例抽出法を用いて体系的にサンプリングされた。抽出された細分区のいくつかは非常に少数の世帯しか含んでいなかったので，データ収集や統計的推論において問題になった。そのため，1つまたはそれ以上の細分区からなる最少100世帯で構成される抽出単位（セグメントと呼ばれる）を得るために，偏りがない手段を用いながら小さい細分区は大きい細分区と合体された。第二段階では，訓練を受けた調査スタッフが，全ての世帯を名簿にリストアップするために各118セグメントを訪問した。約14,000世帯がリストアップされた。それぞれの細分区にある空き地，公園，その他の空きスペースを含む住宅地以外の用地および商業用地も同様にリストアップされた。第二段階のサンプルである12,655世帯は確率逆比例抽出法を用いてサンプリングされた。人口規模に比例した二段階の抽出方法の組み合わせによって，調査地域の全世帯が等しく抽出される可能性が確保された（Delva et al., 2005; Delva et al., 2006; Finlayson, Siefert, Ismail, Delva, & Sohn, 2005; Siefert, Finlayson, Williams, Delva, & Ismail, 2007）。この調査においてここで注目したいのは，コミュニティに参入するためにコミュニティのリーダーにそれとなく働きかけたりはしていない点である。しかし，次の2つの方法で暗黙裡には同様の働きかけを行っていた。まず，建物その他のリストアップを行い，参加家族を募集し，インタビューを行うために雇用されたスタッフは全て，調査対象地域の居住地区に住むアフリカ系アメリカ人であった。つまり，ドアをノックして回る人々は近隣住民であったわけである。次に，プロジェクトの拠点を，児童向け食糧支援プログラムを含む医療機関の紹介など住民福祉サービスを提供する地域セン

ターの中に置いたことである。我々は，歯科診療所，主試験部署，測定室を設置するためにこの地域センターからビルの一角を丸ごと借りていた。家族はすでにそのセンターについて良く知っており，そのことが調査に対する信頼構築に役立ったと考えられる。そのうえ，家族の必要や関心に応じて，廊下に出てすぐのところにある地域センターのオフィスに直ちに彼らを連れて行き，インタビュー中に表面化した問題について援助のプロセスを開始することができた。

　訓練を受けた面接者が抽出された世帯を一軒一軒訪ねた。該当する子どもがいる世帯を特定するために玄関先でスクリーニングの質問をし，該当の子どもを全てリストアップした。世帯につき該当する子ども3人までに関してデータが収集され，歯科検診を受けるために子ども1人が無作為に選出された。勧誘のプロセスを通して約1,400家族が特定された。そのうちの1,021家族が歯科測定センター（Dental Assessment Center, DAC）へ行き検査とインタビューを受けた（第一フェーズ）。家族の平均的な収入は10,000ドル以下であり，養育者の40%は喫煙者で，多くは高校を卒業していなかった。プロジェクトに対してコミュニティのサポートを得るためには数年間を要した。プロジェクトには，科学とコミュニティの委員会が設置されていた。プロジェクトはまた，募集された家族の歯科医療費支払いのために財団やその他の資金源から資金を集めた。

　歯科測定センターにおいて行われた検査とインタビューは，子どもとその養育者の虫歯レベルの関連，社会的・行動的・生物学的（鉛の毒性）リスク要因，保健医療へのアクセス，家庭や地域における生活の質の評価に焦点が当てられていた。このプロジェクトのベースラインステージ（第一フェーズ）において収集されたデータは次の疑問に答える助けになった。

類似の社会的・行動的・経済的・住的環境で生活し，経験を共有しているにもかかわらず，低所得のアフリカ系アメリカ人の子どもで疾病が全くない場合とそうではない場合が発生するのはなぜか？

■教育的介入の開発

　このベースラインステージ（第一フェーズ）では，口腔衛生に関して，たとえば，「ほとんどの子どもは最終的に虫歯になる」，「子どもが虫歯になるのを予防するために私にできることはあまりない」，「赤ちゃんに哺乳瓶をくわえさせたまま寝かせるのは悪いことではない」，「乳歯はどうせ抜けるので虫歯になっても問題ない」といった27の見解について参加者は意見を述べるように求められた。指標とする子どもの虫歯レベルに応じた信念や態度を比較したそれらのデータ分析から分かることは，どの信念や態度が介入のターゲットとされるべきかを知らせるのに役立った。統計的差異が考慮されただけでなく，口腔衛生と関連してこういった信条や態度の臨床的（歯科的）重要性について考察するための議論も行われた。介入の指針とするために参加者自身の回答と歯科医の評価を使用した。介入は，こうした点においてこれ以上個別化することができないくらい個人に合わせて仕立ててあり，それぞれの子どもの状況へ配慮したものだった。回答の一部がデトロイトに居住する低所得のアフリカ系アメリカ人の文化的要因によるものと考えられるかどうかは実証的な問いである。この研究の意図は，アフリカ系アメリカ人コミュニティ全般を全面的に一般化するための文化的要因を探ることではなかった。それよりも，我々の意図は家族や子どもの状況に配慮した介入を設計し，それぞれの子どもや母親の特徴に合わせた介入を実施することであった。現在は，介入の効果を評価する段階にある。

■口腔衛生ビデオの開発

　ビデオの開発は，理論的枠組み，第一フェーズで実施された口腔衛生に関する考えの分析結果，歯科測定センターで行われたフォーカス・グループからの情報を得て行われた。このビデオは口腔衛生についての考え方，望ましい口腔衛生行動，それを獲得する際の障害について的を絞って取り組むために開発された。ビデオは歯や虫歯のプロセスに関する説明から始まる。次に，様々な年齢層の子どもの歯の磨き方についての説明と実演の部分があり，続いて，食習慣がどのように虫歯の発生過程に影響を及ぼすかについての説明がある。ビデオ全体を通じて，口腔衛生に関する信念（第一フェーズの結果によるもの）や望ましい口腔衛生習慣を獲得するにあたっての障害（地域でのフォーカス・グループにおいて特定されたもの）に言及するメッセージが含まれている。

　ビデオが説明する事柄は，糖分の多い食品やでんぷん質の食品と虫歯の関係，フッ化物が入ったデトロイトの水道水を飲む利点，甘い飲み物が虫歯の原因になることの詳細，食品の外箱についているラベルの読み方，一日の適切な糖分摂取量，哺乳瓶の代わりにコップを使用する利点，健康的な食べ物と飲み物の選択肢，子どもにより健康的な食生活を送らせるための助言，などである。ビデオでは，口腔衛生に関する信念についてのメッセージと，口腔衛生教育についてのメッセージを組み合わせている。ビデオ全体を通して，歯科保健に関する信念に言及する前向きなメッセージが意図的に配置されている。それらのメッセージ例には，初期の虫歯の進行は止めることができる，水道水中のフッ化物や歯磨き粉は歯を強くし虫歯になりかけの歯を治すことができる，自分の子どもが虫歯にならないように手助けすることができる，乳歯は大事なものである，虫歯は予防できる，あなたは子どもの虫歯を予防することができるなどが含まれる。

子どもの歯を磨くことに対する障害を特定するために，地域の居住者を対象にフォーカス・グループが作られた。そこで報告された障害のいくつかは次のようなものである。

- ・忙しすぎる
- ・忘れてしまう
- ・疲れすぎている
- ・一人親なのでやることが多すぎる
- ・子どもが忘れてしまう
- ・親に歯磨きの習慣がないため，子どもの怠惰さに対して良い習慣を強要することが難しい
- ・実行力がない

　参加者はフォーカス・グループ・インタビューにおいて，子どもの食べ物を管理するのが難しいという問題も挙げた。幼い子どもを持つ親をはじめとして誰しもがおそらく上記の障害や下記の困難に思い当たると思われる。参加者のコメントは以下のようなものである。

- ・子どもがキャンディ，ジュース，シリアルを摂取し過ぎる
- ・甘いお菓子は新鮮な果物よりも安価である
- ・親が応じるまで子どもがキャンディをねだる
- ・キャンディで子どもを少しの間静かにさせることができる
- ・友達や親戚を訪ねる時に子どもが食べたいものを際限なく食べる

　ビデオでは次の事柄に触れることで障害のいくつかについても言及した。

・子どもが歯磨きに取り組むようにする方法
・歯磨きのプロセスにおもちゃを組み入れる方法
・歯磨きを面白くする方法
・歯磨きの習慣を確立すること
・一緒に歯磨きをすること
・一日で一番元気があるときに歯磨きをすること
・子どもが歯磨きをしているときに褒めること
・子どもを抱きしめること
・ご褒美として子どもと触れ合うこと

　ビデオはまた食習慣の改善に取り組むために，子どもに新鮮な果物
や野菜・乾燥フルーツ・ヨーグルト・チーズのような糖分の少ない食
べ物を与えること，果物缶は砂糖が加えられていないものを与えるこ
と，水あるいは水と無糖のフルーツジュースを混ぜたものを与えるこ
と，外出時により健康に良い選択をするように子どもに教えること，
子どもが望ましい選択をしたときは褒めること，といったメッセージ
も発信した。

■動機づけインタビュー

　動機づけインタビュー（MI）はアルコール依存症の分野で生まれ
たカウンセリング方法である（Miller, 1983）。このアプローチの目的
は，人々の信念や行動が障害に直面したとき（たとえば，アルコール
依存症と診断された人が禁酒を促される）に経験しがちな自然な抵
抗を最小限にするよう働きかけることである。動機づけインタビュー
は，生活スタイルを変更する選択に面したときに経験し得る，相反す
る感情について，患者が探求し解決することを意図した指示的で患者
中心のカウンセリングアプローチである（Rollnick & Miller, 1995）。

動機づけインタビューを実施する人々は正常な反抗心を最小限に留めるために，共感的・指示的・協力的な態度で接するように訓練されている。動機づけインタビューを実施する「最善」の環境は，協力的で中立的で，変化を引き起こすことは全面的に可能だと人々に伝えるものである。中立的な態度が今度は，患者が新しい行動を安全に探求することを可能にするのである。

動機づけインタビューは，「段階的変化モデル」または「汎理論的モデル（TTM）」と呼ばれる文脈においてしばしば実施されてきたものである（Prochaska & DiClemente, 1983）。汎理論的モデルによれば，ある人間は5段階のどこかの段階にあり，また段階の間をしばしば行ったり来たりする。最初の段階は無関心期であり，この段階では6ヶ月以内に変化を起こすことは真剣にはまだ考えていない。次の段階は関心期で，6ヶ月以内に行動の変化を起こすことを真剣に考え始める。次の段階の準備期では実行する用意ができていて，たとえば30日以内に変化を起こすことを意図している。この時期にある人はまた，過去6ヶ月間に変化を起こそうと試みたのだとそれとなく示すこともあるかもしれない。次の段階は実行期で，過去6ヶ月以内に変化を起こした人が当てはまる。最後は維持期で，6ヶ月以上行動の変化を維持した人が当てはまる。動機づけインタビューに依拠したことで，我々の介入が個人や家族の特有の特徴に合わせて個別に設計されたもので，集団に対する何かしらのステレオタイプによるものではないことが保証された——これは第7章で紹介する交接性の観点と矛盾しないアプローチである。

しかし，1年目のデータ収集（第一フェーズ）とフォーカス・グループ・インタビューの結果は，ほとんどの養育者が自身の歯または子どもの歯のどちらかについて，歯磨き行動の実行期あるいは維持期にあると示唆していた。だが後に，決して良いとは言えない歯科衛生の実

態を共有することは回答者にとって社会的に適切ではなかったことが明らかになった。それゆえ，汎理論的モデルを含めないで動機づけインタビューを実施することが調査チームによって決定された。非常に興味深いことに，動機づけインタビューの方針に従うと，その人の変容への準備状態が自動的に考慮に入れられる。この状況は，動機づけインタビューが引き起こす個別化されたアプローチによるものだった。つまり，動機づけインタビューを使用することで，保健支援者は自身の価値観や目標を養育者に押し付けることなく，口腔衛生の改善につながるより健康的な行動の実行へと向かう養育者のやる気や能力に従いながら，参加者が子どもの口腔衛生を向上させる方法を模索するのを助けることができるのである。

　動機づけインタビューが実施される有益な枠組みは頭字語でFRAMESと呼ばれ，それは，フィードバック［feedback］を与えること，必要な変容に対する責任［responsibility］を人々に引き受けさせること，簡潔な助言［advice］を提供すること，選択肢のメニュー［menu］を作成する助けをすること，全ての相互関係を通じて共感［empathy］すること，そして保健支援者と一緒に決めた目標を達成するために自己効力感［self-efficacy］を築く助けとなることを意味する。

■目標の設定

　目標を設定して問題を解決していくことによる自己強化は，参加者が口腔衛生の習慣を日常生活に組み込んでいく効力を高める。

■社会的・環境的障害のためのスクリーニングや紹介制度の理論的根拠

　子どもの口腔衛生を向上・維持させるにあたっての潜在的な障害に関して養育者を審査する決定は，保健指導の計画に使われる事前・事後モデルの事前（プレシード）部分（Green & Kreuter, 2005）お

よび第一フェーズの調査結果とフォーカス・グループ・インタビューや他の主要なインフォーマントから得た情報を受けている。事前・事後モデルは，環境はそこに置かれた個人の行動に影響を与え，環境要因を変えることで健康に関わる行動を変容することができると仮定する，ヘルスプロモーションや保健指導における堅固で良く検証されてきた生態的アプローチである。事前とは教育／環境の診断と評価における，準備，強化，実現要因を表している。プロジェクトの社会的認知理論の枠組みと一貫して，この計画モデルは準備要因（知識，態度，信念，価値観，認識），強化要因（口腔衛生目標を達成することで養育者が得る見返り），実現要因（スキル，養育者の目標達成を推進または阻害する資源や障害）に分けられる。実現要因が存在するか不在なのか，とりわけ物質的困難さと慢性的ストレスに関連するものについて特定することにより，また行動変容に対する社会的・環境的障害に打ち勝つために必要な資源への橋渡しをすることで，参加者が成功する確率を最大化させることを狙ったのである。

■無作為化

無作為化の前に，1,021名の指標となる子どもを年齢および第一フェーズで診断されたう蝕有病率（問題なし，初期症状のみ，虫歯あり）によって層別化した。子どもの割り付けは，参加者，調査チーム，歯科測定センターのスタッフ（調整デスクのスタッフや動機づけインタビューを行う保健支援者を除く），検診を行った歯科医に対して盲検化（隠匿）され，割り付けはデータ分析が終了する翌年以降までセンターの管理者によって保管された。

■盲検化と非盲検化

この試験においては，介入の性質や歯科測定センターでの家族の動

きから，グループの割り付けを完全に隠匿することは不可能だったであろう。しかしながら，データ分析者，プロジェクトの主任研究者，教育的介入に直接関与しないスタッフ（調整デスク，動機づけインタビュー担当保健支援者，コントロール群介入スタッフ），検診を行った歯科医には隠匿性が保たれた。それぞれの子どもが割り付けられたグループは，子どもと養育者の名前，ID番号を含む割り付け表によって調整デスクに伝達された。子どもの歯科検診終了後に封筒は開封され，割り付けの結果は複合コンポーネントグループまたは標準的な口腔衛生教育グループ（コントロール群）のどちらかに割り当てられている歯科指導者と共有された。子ども用の表ではそれぞれの子どもがグループ1か2のどちらに割り振られたのかということだけが示されていた。次では，介入群におけるコンポーネントとコントロール群における活動を簡単に説明する。それから同意のプロセスに関する情報を説明してこのセクションを締めくくる。

◆───介入群：複合コンポーネントの対象を絞って個別設計された動機づけインタビューと口腔衛生介入に関するビデオ

先に説明した予備的な調査の全ては，結果として5つの介入コンポーネントの開発と実施につながった。介入を実施するために雇用されたスタッフは，「指導者」よりもむしろ「保健支援者」と呼ばれた。支援者とは，ただ単に指導するのではなく，サービスを推奨し，養育者やその子どもと一緒になって口腔衛生を向上させるパートナーとして働く人を示す言葉であるからである。全ての保健支援者はアフリカ系アメリカ人の女性であり，スタッフも全てがアフリカ系アメリカ人で全員がデトロイト市の住民であった。以下が5つの介入コンポーネントの要約である。

1. 1つ目は，カウンセリング戦略（動機づけインタビュー）で，保健支援者が養育者とラポールを築く助けのため，歯科検診の結果を振り返るため，養育者にフィードバックを与えるため，そして子どもと養育者が口腔衛生を向上させる目標について話し合いを開始するために使用された。

2. 2つ目は，調査対象者の信念，態度，行動に特化した15分間の口腔衛生ビデオを養育者に見てもらうことである。このビデオは，第一フェーズでのデータ分析結果と12回以上行われたフォーカス・グループ・インタビューからのフィードバックより情報を得た。保健支援者は養育者にビデオを随時停止しながら見ることを勧めた。このことは，彼女らが情報の単なる受け手ではないことを意味する。

3. 3つ目に，ビデオの内容や歯科評価と子育て／心理社会アンケートに関して示された情報について話し合った後で，保健支援者は養育者に対して，子どもや自身の口腔衛生状態が将来的にどうあって欲しいのか考えるように働きかけた。これらの段階は，養育者が子どもや家族の口腔衛生を向上させるための現実的で計測できる目標を設定するように導く。話し合いによって，行動に関する障害の種類（たとえば，養育者が夜遅くまで働いていて子どもの夜の歯磨きを見守るのが難しいなど行動に直接関連する障害），物理的な障害（たとえば，失業）など，口腔衛生の向上のために新しい行動を取り入れることを難しくさせているかもしれない事柄が確かになった。これらの障害について取り組む方法をつきとめていくことは保健支援者の重要な仕事であった。個人的な目標を設定し，障害を克服するための手順を特定するプロセスを通して保健支援者は，養育者が子どもの口腔衛生を向上させら

れるという信念について養育者の自己効力感を高める手助け
を行った。

4. 4つ目に，目標が十分に設定された後に保健支援者は養育者
が作成した障害になっているかもしれない事柄のリストを検
討する。このことによって，これらの問題に対する支援を
受けるために関連機関への紹介状が必要かどうかを養育者に
尋ねることが可能だった。養育者を支援するための紹介状の
制度があったからである。調査参加者の多くが幼児や子ども
がネズミに噛まれるといったような慢性的なストレス要因と
同時に，失業，水・暖房・食料品の不足などを含む深刻な物
質的困難に直面していたため，この介入コンポーネントが導
入されていた。これらのニーズに対応することによって，
我々が設計した口腔衛生への介入の効果が強化されると仮
定されていた。ただ残念なことに，深刻な構造的問題はこ
れらの家族が市で利用できるサービスが全体的に不足して
いることだった。この歯科プロジェクトは，地元コミュニ
ティに幅広い社会・雇用サービスを提供している福祉サービ
ス機関である居住区サービス機構（Neighborhood Services
Organization, NSO）が入居するビルの中に物理的に設置さ
れていた。次の2点の理由によって居住区サービス機構から
場所を借りていた。1つ目が，距離的な近さによって（文字
通り廊下を下ったところ）必要とするサービスに家族をつな
げる助けとするためである。2つ目に，居住区サービス機構
が入居しているビルの使用料金の支払い負担を援助すること
で機構に経済的に貢献することができたからでもある。

5. 5つ目にして最後のコンポーネントは，介入実施2週間後に
始まったいくつかの追加フォローである。追加フォローは，

家族と子ども向けに個別化された再通知の手紙を送ったり電話をかけたりすることで構成された。追加フォローの目的は2つあった。1つ目は，養育者が達成しようと決めた目標を思い出させ，彼らがその目標を実行しようとした時に浮上したかもしれない障害に対する解決策を考える助けとすることであった。2つ目は追跡のためである。継続的なフォローアップによって，調査からの離脱が最小化されるように参加者を追跡することが可能になった。さらに，家族には歯ブラシと歯磨き粉が無料で配布された。

◆──────コントロール群：口腔衛生の教育的介入に関するビデオ

養育者の中で口腔衛生の教育的介入ビデオに無作為に割り付けられたグループは，上記の複合コンポーネントで対象を絞って個別に設計された介入グループにおけるコンポーネント2，4，5と同じ内容を経験した。主な違いは，(a) 養育者は教育的ビデオを見たが，複合コンポーネントで対象を絞って個別に設計された介入グループの人々とは異なり，保健支援者は部屋から立ち去り，参加者は内容を議論するためにビデオを停止するように促されることはなく，ビデオが終了すると質問があるかどうかが尋ねられた。もし質問がなければ，次の活動へと移った。(b) 生活上の様々なストレス要因に対する支援が将来的に必要になった場合に連絡を取ることができる機関の一覧があることを養育者は教えられた。そして，機関の一覧表が養育者に手渡された。同時に，調査スタッフは居住区サービス機構の相談員と面談したいかどうかを養育者に確認した。(c) 追跡調査の期間は同じだが，それは「追加フォロー」としては設計されていなかった。介入グループの参加者に与えられた個別化された情報とは異なり，コントロール

群の追加調査では，一般的な口腔衛生に関するアドバイス集を提供した。コントロール群の家族もまた3ヶ月ごとに歯ブラシと歯磨き粉を無料で受け取った。

　上記の活動は，コントロール群の参加者に「通常のケアパッケージ」よりも多くの情報を提供しようという調査チームの決断を反映していた。通常の活動の場合は，歯科評価の結果と望ましい口腔習慣についての一般的な情報が掲載された冊子を家族に配布する程度かもしれない。しかしながら，望ましい口腔衛生についてすでにある情報を踏まえて倫理的観点から，コントロール群に割り付けられた参加者にも，ベースライン調査から得た情報を用いて特別に設計され，デトロイトの低所得の住民に十分に当てはまる内容を含んだ口腔衛生ビデオに触れてもらうべきであると決定された。コントロール群に提示されるべき事柄の選択（通常を上回る情報量）は，参加者の生活環境に対して配慮したいという調査チームの願望の一例である。2つのグループ間の違いとしては調査スタッフが家族に関与する方法であっただろう。原則的に，調査スタッフはコントロール群の参加者には動機づけインタビューを実施しなかった。この章をまとめる前に，次ではこの調査で実施された同意を得るプロセスについて簡単に説明する。

◆───同意のプロセス

　歯科測定センターでのインタビュー，歯科検診，身体測定，血液と唾液のサンプル収集（大人のみ）を完了する前に，参加家族の全員がそれぞれ適切な同意書に記入を行った。データはランダム化比較試験の介入部分を開発するために使用された。ランダム化比較試験では調査対象家族はインタビュー，歯科検診，身体測定，血液サンプル収集（子どものみ）を再度実施するためにもう一度歯科測定センターに呼

ばれた。

　各家族が歯科測定センターに到着すると，出入り口担当の調査ス
タッフが（養育者および指標となる子どもの）本人確認のために必要
なチェックを行った。それぞれの家族（大人の養育者）は，プロジェ
クトのこの段階に対する同意書にサインするように求められた。同意
書のコピーが参加者に手渡され，内容が読み上げられた。調査スタッ
フは，回答者が調査の参加に伴う責任や権利について十分に理解でき
るよう訓練された。同意書が読み上げられた後に，調査スタッフは何
か他に質問があるか尋ねた。それから，参加者は同意書のコピー 2 枚
にサインするように求められた。1 枚目のコピーは調査チームによっ
て保管され，2 枚目のコピーは養育者に渡された。調査参加者から得
た同意内容は以下のものである。

　　・デトロイト歯科衛生プロジェクト（*Detroit Dental Health
　　　Project*）に参加することへの同意
　　　養育者のプロジェクト参加への主要な同意である。
　　・*HIPAA*：保護されている保健情報の開示と使用に関する許可
　　　この同意は，歯科測定センターにおいて収集された全ての情報
　　　にプロジェクトがアクセスすることを可能にするために使用さ
　　　れた。
　　・保護監督をしていること，または法的な後見人であることの申告
　　　この書類は，子どもに対する保護監督者または法的な後見人と
　　　して子どもの歯科検診受診に同意可能である身分を確認するた
　　　めに使用された。
　　・メディケイド記録にアクセスする権利を放棄する同意書
　　　この同意は，子どもがメディケイドプログラムに参加してい
　　　る，または参加していた場合に，調査チームがその子どものメ

ディケイド治療記録にアクセスできるように入手された。子どもの歯科治療記録，歯の健康状態，治療の必要性を検証することが目的であった。

・未成年者の参加同意

　この同意書は，簡潔であり歯科測定センターの歯科医やスタッフが読んで説明すれば，歯科検診や身体測定データの収集について子どもにも分かるようになっていた。

・管理下にある遊び場で子どもを過ごさせることについての許可

　この同意は，子どもが遊び場でプロジェクトのスタッフによって監督されることに対する親の同意を求めたものであった。

・フォーカス・グループ・インタビュー参加者の参加同意書

　この同意はフォーカス・グループ参加者から得られた。

・音声／映像の収録に関する同意書

　この同意はデータの質を保証するために，プロジェクトスタッフがインタビューを録音または録画することを許可するものであった。

　教育的介入と評価プロセスは深刻なリスクが伴うものではなかったので，国立歯科・頭蓋顔面研究所はデータの安全性モニタリング委員会の公式設置を要求しなかった。データの安全性モニタリング委員会は，参加者の安全とデータの整合性を保持するための臨床試験における監督およびモニタリングシステムの一部である。代わりに，このプロジェクトチームにおいてはデータの安全とモニタリング活動のために，歯科測定センターにおける介入とデータ収集に対する注意深い監視，品質保証の追跡，管理委員会と国立衛生研究所の担当者への定期的な報告などが行われた。

◆─── 終わりに

　この章では，個別化された介入を設計し試験する二群ランダム化比較試験を概念化し，またそれを導く最も適した理論的枠組みを選択するために行われた包括的な作業についてかなり詳細に述べてきた。実際問題として，行動変容に関する既存の文献は，中上流階級の白人の人々に注目したものがほとんどだったので，我々は独自に低所得層または人種／エスニックマイノリティに焦点を当ててシステマチックに文献レビューを行った。こういった人々に注目して調査を進めると，結果は非ヒスパニック系の白人人口から得られるものとは異なっていた。この発見によって，一般的な集団を対象にして得た結果を低所得層および人種／エスニックマイノリティへ一般化するときに極めて注意深くある必要や，それゆえに多様な集団を対象にしてより多くの調査を行う必要についての認識を強めた。しかしながら，我々が行った研究においても，今回の調査から得た結果を他のアフリカ系アメリカ人コミュニティ，たとえば異なる地方に住む人々，田舎に居住する人々，または中流や上流の社会・経済的地位にある人々に対して一般化することについては非常に慎重である。

　この章を通して何回も繰り返したように，動機づけインタビューによる個別化アプローチとは，個人や家族の特徴に応じた極めて具体的な介入であるということである。この調査では介入を個別に組み立てるための情報を探し集めた。対象とする個人（今回の場合は家族）にとって重要なアイデンティティや背景などを幅広く考慮するこのアプローチは，介入の方法としてとても強力なものである。全ての養育者にとって介入は，特定の口腔衛生習慣への取り組みを含んだものだったが，それは歯科検診や調査票の回答結果によって個別に組み立てられたものであった。養育者によっては，介入は経済的問題や子育ての

困難さに焦点を当てたものだったが，困難さの性質は家族によってそれぞれであった。ある人にとって介入は，現在経験している精神的な問題に重点を置いたものであり，またある人にとっては人間関係についてのものであり，そしてあるときには医療が受けられる場所を見つけることや良質の医療を受けることに関係したものであった。言いかえれば，調査対象集団に対して配慮するとは，全ての事柄がデトロイトの低所得アフリカ系アメリカ人のニーズと彼らが置かれた社会的文脈にふさわしいように個別に組み立てられていたということである。我々はまた，低所得層の人々が口腔ケアを受けようとするときに直面する構造的な問題に対処するために，政治家を対象にして様々な活動を実行済みであり，また現在も実行中である。

　この章ではランダム化比較試験を実施する前の段階についても説明を行った。最初の3章とは異なり，この章ではデータ分析方法については多少のコメントを除いてはあまり注意を払わなかった。第一フェーズでは，複雑なサンプル抽出方法，フォーカス・グループ・インタビュー，居住者のインタビューなどを使用して調査対象基準に一致した大規模で偏りがない居住者のサンプルが抽出された。そして，我々は参加者自身からベースラインデータを収集した。これら全ての情報はランダム化比較試験を設計し，実施する上で重要な役割を果たした。

　この章は，読者のみなさん自身の調査にとっても有益であろう二群ランダム化比較試験の実施プロセスと活動内容について詳しい記述を提供するものである。実施が可能なランダム化比較試験の種類は膨大である。ここでは最もシンプルなタイプ（二群ランダム化比較試験）について記述したが，この調査は結局のところシンプルなものではなかったと言えるだろう。

第6章

コミュニティに基づく参加
型調査の実施

　この章では，学術界，コミュニティに根差してコミュニティに奉仕する団体，住民たちが調査の計画・実施・評価・結果の公開に関して専門知識や責任を公平に分担するパートナーシップ・アプローチである，コミュニティに基づく参加型調査（CBPR）の実施について述べる。この調査から得られた知見や成果は地域の生活を改善するために使用される。ここでは，スキルマン財団（Skillman Foundation）からの研究資金の助成で実施された「グッド・ネイバーフッド（良き隣人関係）」（Good Neighborhoods）プログラムによるコミュニティの変容過程を，調査例として使用する。リサーチクエスチョンの形成プロセス，理論的モデル，プロジェクトの開発と実施についての説明に加え，CBPRと他の調査アプローチとの相違，地域のパートナー・大学の教員や学生から提起された認識論的・方法論的・制度的問題，ソーシャルワークにおける目的を達成するうえでのCBPRの重要性，CBPRとソーシャルワークの価値観との適合性，についても議論する。

◆―――コミュニティに基づく参加型調査（CBPR）の定義

　コミュニティに基づく参加型調査（CBPR）は，全てのパートナー

を平等に調査プロセスに巻き込み，それぞれが調査プロセスにもたらす独特の強みを認め合う協力型の調査アプローチである。CBPRは，社会変容への知識と行動を結び付けることを目的として，コミュニティにとって重要な調査トピックを設定することから始まる（Minkler & Wallenstein, 2003）。ほとんどのCBPRにおいて，コミュニティが調査や研究者にどの程度関与するかは連続性の中にあるが，全てのCBPRは，調査されるコミュニティを「実験室」とする認識を排除することを目的としている（Green et al., 1995）。この連続性は二側面から概念化され，(1) 意思決定を直接コントロールするのは誰か，(2) 調査活動を積極的に実施するのは誰か，の2つの質問に対する回答に基づいている（Hick, 1997）。

◆―――コミュニティの定義

　コミュニティは，地理的な位置（たとえば，居住地区）と機能面での共通性（たとえば，共通のアイデンティティ，共通の関心，共通の問題，類似の人口統計的属性）のどちらかの要因に基づいて定義される。協力的な関係を目的としてコミュニティを定義する際に鍵となるのは，相互協力に最も関心を示し，調査から最も影響を受ける人々が意思決定や調査の優先順位の設定において確実に含まれるようにすることである。

◆―――CBPRの歴史

　CBPRのルーツは，周縁化されたコミュニティの調査をまとめるために使われた1970年代の社会正義を目指す運動を手段とした（Friere, 1970），クルト・レヴィン（Kurt Lewin）(1946) のアク

ション・リサーチまで遡ることができる（Hall, Gillete, & Tandon, 1982）。最近では，公衆衛生の分野において良く知られたパラダイムに進化してその役割を果たしており，今ではソーシャルワークの分野においても勢力を得つつある。CBPR のアプローチの前提は，ソーシャルワーク専門家の価値観や各使命と多くの点で一致しており，それらは，

1．人間各々の価値と尊厳の承認
2．自己決定または自己実現の権利
3．個人の潜在能力の尊重とそれを獲得しようとする個人の欲求への援助
4．個々人が互いに異なった存在である権利とそれらの違いへの尊重（Bartlette, 1970）

などである。

　ソーシャルワークの分野では，1950 年代に住民組織化が研修先として特に重視されるようになり，1960 年代と 70 年代にはソーシャルワークプログラムにおいて登録者数のピークに達した。当時は，住民組織化とその他のソーシャルワークの実践形式を区別し，住民組織化に関連した実践モデルを定義することが強調された（Rothman & Epstein, 1977）。それは CBPR が構築するコミュニティ実践の基礎である。

　ソーシャルワークの分野では，個人，集団，ならびにコミュニティ内のシステム（学校，行政，教会など）と同様に，コミュニティは分析単位の一つとして広く認められている。CBPR は，コミュニティ内の全ての人々からのインプットを強調・奨励し，そして共通の理解，関心，意見を指針として社会変容を推進するために利害関係者をまと

めることを模索するため，ソーシャルワークのそういった価値観と一致している。

自己決定の核となる価値は，CBPR にも内在している。コミュニティのメンバーは，彼らが直面する問題について共有するための情報や，問題をいかにして解決すべきかについての考えもまた有している。コミュニティのメンバーが問題を特定し，問題に対する解決／介入のための提言に参加することは，彼らのエンパワーメントの過程における一つの段階なのである。

◆——— CBPR の基本原則

CBPR の重要な要素は下記の通りであるが，これは決して静的なリストではない。これらの基本原則はいくつかの学問分野から統合されたもので，今後の研究および新たなプロジェクトや方法論に対する評価を通して引き続き発展し，進化していくであろう。

・CBPR は学術界とコミュニティの協力関係である。
・CBPR はコミュニティにおいて調査トピックに影響を受ける人々とそうではない人々の両方を含まなければいけない。そうすることで対立する意見も考慮することが可能になる。コミュニティのメンバーは従来の意味とは異なる学生になる。
・コミュニティは調査の課題や目的を定義する助けをするべきである。コミュニティの関心がリサーチクエスチョンを推進する。これは大学で典型的に起きていることとは反対のことである。そこでは慣習的に研究者が質問を設定し，コミュニティの優先事項はしばしば無視されている。
・コミュニティと調査パートナーは，データ収集，結果の解釈と

コミュニティにおける懸案事項への応用などを含む調査の全ての段階における意思決定に参加する（Israel, Schulz, Parker, & Becker, 1998）。

・調査は資源やコネクションを含んだコミュニティの強みを足場とする。これは，物質的資源やコミュニティの人々の技能や知識と同様に社会資本（Allen-Meares, 2008）も含む。

・調査はコミュニティの教育とコミュニティによる情報に基づいた活動に結びつく。つまり，調査結果や知見は調査における全パートナーに周知される。CBPR の究極の目標は，社会正義につながる社会変容をもたらす社会行動である。

・コミュニティによる情報に基づいた行動は，調査プロジェクト終了後も続く新たなネットワークを形成する。全てのパートナーは，共同学習者――コミュニティは調査について学び，調査者は社会的文脈や社会問題についてさらに学ぶ――であると同時に補完的知識と技能を持った専門家と見なされる（Macaulay et al., 1998）。

これらの基本原則は効果的な CBPR の原則であるが，ジェイコブソンとルゲル（Jacobson & Rugele）（2007）は，どの CBPR プロジェクトも中心にするべきその他の指針について述べている。

・権力，差異，不平等の問題に取り組むこと
ソーシャルワークにおける CBPR は社会正義の要素を持つため，プロジェクトの計画段階において，権力をどのように論じることができるか，全てのパートナーの貢献を認める精神的風土はどのように構築できるか，などの問いに言及することが必要である。

・調査参加に対する障害を同定し軽減させること[1]

これはすでに述べた基本原則からも当然のことである。調査トピックにかかわらず，調査のパートナーとしてコミュニティの参加が必要だからである。障害は，個人的・制度的・政治的・経済的・文化的レベルで生じ得る（Beresford & Hobson, 2005）。

・教え–学ぶための誰もが受け入れられる空間を形成すること

教え–学ぶことは変容プロセスの評価段階における対話，協力，相互性を重要視する（Finn & Jacobson, 2003）。

・相互に助け期待し合う環境を構築すること

CBPR プロジェクトを相互扶助システムおよび共同の支援や行動の基礎として概念化することで，ソーシャルワーカーを含む全ての参加者を，学習者，指導者，まとめ役，主体的行動者として位置づける。グループのメンバーはデータを共有し，対話的プロセスに取り組み，タブーとされるテーマについて探求し「皆が同じ船に乗っている」状況を経験し，特定の問題に対して互いに協力して「数の強み」の力を感じる（Shulman, 2006, pp. 269-278）。

・個人，政治，文化，歴史の間を接続すること

調査グループのメンバーは，個人的な問題を，影響力のある社会・政治・経済システムと結び付ける傾向があり，そして問題を単に個人の失敗として簡素化する社会的メッセージを内面化しがちな自分たちの傾向を見直す（Jacobson & Rugele, 2007）。

---

[1]　シェリー・アーンスタイン（Sherry Arnstein）（1969）による古典的な市民参加のはしごは様々なタイプの参加を示唆する。そのうち少数のみが変革的であり，その他多数は不平等や社会的ヒエラルキーを強化するものである。

・人々の生きた経験から知識を積み上げること

持続可能でない政策のもたらしたもっとも大きな負荷に耐えている人々こそ，政策決定過程において一番大きな声を発するべきである（Beresford & Hobson, 2005）。

・行動を起こし，プロセスに同伴すること

調査プロセスにソーシャルワーカーが含まれているということは，彼らはグループメンバーの仕事をただ単に監督するのではなく，その変化の過程に寄り添うということを意味する。(Jacobson & Rugele, 2007)。

・評価，批判的反省，お祝いについて

評価は，実施した活動が社会正義の価値観と合致していたかどうかについての回答である。批判的な省みには，偏見のなさ，責任感，真心が求められる（Dewey, 1933）。アメリカにおいてはお祝いは，ソーシャルワークの実践において核となるプロセスとしてはめったに論じられることも考慮されることもない。しかし「やりがいがあるが困難で，希望にあふれているが落胆もさせられる活力あふれる社会正義を志向するグループ活動の努力を受け止める」（Jacobson & Rugele, 2007, p. 33）には必要不可欠である。

■方法論について

CBPR は方法論的展望の全域に関係する。あらゆる社会科学の調査と同様に，具体的な方法はリサーチクエスチョンや調査対象集団に応じて決定される。多くの場合，コミュニティと協働することはある程度定式化されており，調査はある特定のコミュニティのニーズを査定することから始まる。このことは，現在も進行中のコミュニティを巻き込んだキムら（Kim et al.）（2008）による調査のように，コミュニ

ティのサーベイ調査やフォーカス・グループ・インタビューを通じて，またはイスラエルら（Israel et al.）（2006）の都市研究センター（Urban Research Center）の場合のように達成され得る。ニーズの査定はまた，研究者の独立した調査によるコミュニティ問題としての認識（Gittelsohn et al., 2008）を通しての，またはある特定の地域に蔓延する問題（たとえば，貧困やホームレス）に対する反応から始まることもある。

　CBPRは，幅広い範囲の調査デザインや方法を採用することができる。例としては，環境査定，ランダム化比較試験，フォトボイス（Photovoice），質的な事例研究などが含まれる。キムら（Kim et al.）（2008）は，遅延介入デザインを使用して均質でない割り付け群と観察対象を用いた。このアプローチによって個人レベルでの介入効果を評価する一方で，割り付けられた各グループの社会資本にアクセスすることが可能になった。ギテルソンら（Gittelsohn et al.）（2006）は，思春期の少女の活動レベルに関する介入研究のランダム化フィールド実験で，質的・量的両データを組み合わせた調査法を使用した。フィールドセンター間で手法の標準化が存在しないことがこの種のフィールド試験における最大の懸念点だが，それは調査を推進する理論によって対処することが可能である（Gittelsohn et al., 2006）。

　CBPRの方法論は伝統的なものではない。批判のなかには結果が客観性や信頼性，普遍性を欠くというものもある。そのうえ，CBPRのパートナーたちは調査の焦点，方法，成果を変える影響力を持っている。批判者はこのことが調査結果を妥協させ得ると主張する。使用される具体的な方法にかかわらず，その方法の利点は公認されている基準によって判断されるが，知識の橋渡しの価値，そして研究における調査の妥当性とコミュニティの参加を評価する文化的・社会的正当性も強調されるべきである（Cargo & Mercer, 2008）。

CBPRにおいて生じるかもしれない方法論的問題には，介入が前向きな変化に本当に寄与しているという証拠の欠如，調査の全ての側面を最初に規定することが不可能であること，調査と社会活動との適切なバランスを見つけるのが困難なこと，全てのパートナーたちが活発に調査プロセスへ参加できるような様々な時間調整への対応をすること，多角的なデータを解釈し統合することの難しさなどがある。これらの問題に対する第一の軽減要素は，実のところ，批判もあるかもしれないが，方法論の多大なる柔軟性にある。その他の手助けとなる要因には，調査プロセスと結果の質の向上に貢献するコミュニティメンバーの調査活動への関与（インタビューを行うためにコミュニティメンバーをトレーニングするなど），調査や介入の全側面における妥当性や適切さを高めるコミュニティの強み，資源，構造，動態についての継続した分析，そして，守秘義務やデータアクセス権などの問題をとりまく基準を規定する調査の基本原則についてパートナー全員が共同で合意することなどがある。

◆───調査の実施

　他の調査と同様に，学術界とコミュニティが協力関係を築く際にはいくつもの潜在的な課題がある。それらには，信頼の欠如，権力と支配の不平等な分配，観点，優先順位，前提，価値観，信念，言語の相違による対立，研究資金をめぐる対立（たとえば，誰が資金の受託者なのか，資金はどのように分配されるのか，それぞれのパートナーにどれだけの額が与えられるかなど），目的とプロセスのどちらを重要視するかについての対立，（信頼関係を構築し維持するための）プロセスに時間を要するために生じる対立，コミュニティの定義をめぐる対立などがある。また，パートナーシップを築くための一般的な課題

は矛盾した制度的な要求を含んでいる。ほとんどの高等教育機関は伝統的な研究方法と連邦政府からの研究資金の獲得に価値を置いているため，コミュニティとの関係を構築し信頼を築くのに必要な時間の確保のために研究者はテニュア（終身在職権）や昇進をつかむことに対してリスクを負うかもしれない。CBPR を実施するために必要な諸々の手続きに加え，たとえば，関係の構築に時間を費やすことによって論文を出版する速度が遅くなることもあり得るのだ。

　デヴィッド・ファッセンフェストとラリー・ガント（David Fasenfest & Larry Gant）（2005）は，従来型の CBPR におけるいくつかの追加的な課題を述べている。

1. 信頼や尊敬の欠如

   数年調査に協力した努力に対して見返りが少なかったことで再度大学の研究者がお願いしてもコミュニティの側がそれへの対応にためらうことも理解できる。

2. 権力の不平等な分配

   「平等」なパートナーシップというのは，本当に平等だろうか？

3. 観点の対立や相違

   最重要事項についてあるいはコミュニティが達成すべき妥当な成果について，大学側の見解は異なっているかもしれない。価値観，信念，言語の相違に関連した対立は代表的なものである。

4. 時間

   真のパートナーシップを形成して，コミュニティに基づく調査に従事するためには時間をかけることが要求される（関係を築くための時間，教授たちが関わるための時間，それぞれ

の取り組みを処理するために必要な時間，予期できない課題に対応する時間など）。たとえば，モン族の人々と働く際には，モン族コミュニティの年長者との間に友好的な関係を構築するために時間を費やす必要があった。ひとたびこの個人が「中」に入ってしまえば，モン族コミュニティへの接触はよどみなく進むのである。

5．財政資源をめぐる対立

誰が銀行口座を所有するのか？　誰が研究補助金の主任研究者か？　これらの財政に関わる意思決定はどのようになされたか？

6．課題やプロセスについて重視する点の違いに関連した対立

大学側のパートナーは，研究資金助成団体から課されているプロジェクトや関連する全ての課題を終了させることのほうに関心があるかもしれないが，コミュニティ側はプロセス（包含的であること，多くの声を聞くこと，団結の精神を構築すること）のほうにより関心を持っている可能性がある。

7．誰がコミュニティの代表者でコミュニティはどう定義されるか

誰が除外されているか？　問題が表面化した場合には誰が争いを解決するか？　誰がコミュニティを代弁するか？

8．プロジェクト終了後の持続可能性

研究資金や調査への関心が途切れた場合，コミュニティが利用された／搾取されたと感じることをどのようにして防ぐか？　多くのコミュニティが長期的な関与や持続性を求めている。大学教員の興味は時間の経過とともに進展し，研究資金は限りあるものである。CBPRを推進するための構造を制度化することがこれらの問題に取り組む際の解決策である。

9．教授たちの報酬システム

組織によっては大学教員の報酬システムがCBPRに不利に働く可能性がある。コミュニティとのパートナーシップを築くために必要とされる時間を確保するには膨大な努力を要するため，論文を書くといった学術的任務から遠のいてしまうことがある。グッド・ネイバーフッド・プロジェクトのようなコミュニティに基づく長期的なCBPRプロジェクトに深く関わる若手教員は，思うような早さではプロジェクトの結果を出版することができないかもしれないのである（Shanks, 2008）。

10. 同時期に実施されている調査

複数の研究者が同じコミュニティ内で調査を実施しようとする場合は，コミュニティのメンバーにとって紛らわしく，またプロジェクトの評価を複雑にしてしまう可能性がある。なぜなら，複数の取り組みが同時に実施され，調査されるからである（Shanks, 2008）。

◆———利益について

成功しやすい建設的なCBPR関係を構築するには困難はあるが，利益もある。CBPRは大学とコミュニティに対して様々な利益をもたらす。大学は研究を文脈化するための情報や知識をコミュニティから受け取る。調査はまたプロジェクトに携わる学生に対して素晴らしい学習の経験を提供する。コミュニティに踏み込んでいくことで，教授たちと学生は共に自分たち以外の世界観や物の見方を経験し，理解を深めることができるのだ（Maurrasse, 2001, p. 123）。

同様に，コミュニティの側はプロジェクトの目的を推進するために彼らの資源を結集することができる。またコミュニティのメンバー

は，大学のスタッフ，資料，専門家などの新たな資源に出会うことができ，場合によっては追加の財源も手に入る。コミュニティのメンバーは，調査プロセスへの参加を通して新たな技能を学び問題解決に対する能力を高めることができ，多くの場合CBPRによってエンパワーされることになる。コミュニティはまた，彼らも資源や経験を持っており，パートナーシップへ独自の貢献をしているという承認も得ることができる。言いかえれば，コミュニティの専門性が認められ，プロジェクトの成功のために活用されるのである（Allen-Meares, 2008）。コミュニティはパートナーシップの結果として大学の信用に「便乗する」こともできる。

　パートナーシップを促進するためのさらなる要因には，規範の開発，共通の目標や目的の同定，民主的なリーダーシップ，コミュニティのまとめ役の存在，サポートスタッフ／チームの関与，調査者の役割，技術，能力，良好な関係の前歴，鍵となるコミュニティメンバーの特定などがある。パートナーシップを促進する一般的な要因は，広範囲のサポート，トップダウンと同時にボトムアップ，（経済的・抽象的）動機づけの用意（本節「利益について」を参照），方針の変更を促す行動（たとえば，CBPRのためにテニュアや昇進の基準を変えること）などを含む。

◆───グッド・ネイバーフッド：ある事例

　デトロイト都市圏における子どもの生活向上を目指すスキルマン財団の45年間にわたる戦略は，コミュニティ内の問題を見定めた後にそれらの問題を取り扱う能力，経験，資源を有する団体に資金を提供するものである。「グッド・ネイバーフッド構想（GNI）は非常に異なるモデルである」と団体代表であり最高経営責任者でもあるキャ

ロル・グロス（Carol Gross）は言う。その新たなプログラムは，能動的に居住地区の住民を巻き込んで彼らのニーズに優先順位をつけさせ，子どもが健やかに成長できる環境を作り出す行動計画を開発するものである。それは8年から10年にわたる構想である（Freligh, 2006）。

　向こう10年間（2005 〜 2015）の資金をスキルマン財団（ミシガン州デトロイト）から助成されて，様々な人口統計学的要因と評価をもとに，デトロイトの6ヶ所の居住地区（チャジー・カンドン，ヴァーナー，ブライトモア，コディ・ルージュ，オズボーン，セントラル・ノース）が特定された。グッド・ネイバーフッド・プログラムは，社会，健康，教育，雇用に関する結果の向上と若者が関わる問題を含んだ指標（健康格差，過剰な死亡率，10代の妊娠，非行，高校中退率など）の低下を目的として，地域に根ざした戦略をデトロイトの子どもと若者たちのために開発することを意図している。プログラムが期待することは「デトロイトの子どもと若者たちの可能性を変えるために」というキャッチフレーズに見て取れる。スキルマン財団は技術支援を委託するべくミシガン大学ソーシャルワーク学部の主任研究者に研究資金を2005年に助成し，彼女は構想の目的，活動，成果をサポートする戦略的情報，調査能力，資源を提供してもらうためにミシガン大学ソーシャルワーク学部の鍵となる教授たちにもプログラムへの参加を依頼した。

　他の大都市センター街における前向きな結果に後押しされたスキルマン財団は，より多くの資金提供者をひきつけるための十分な執筆者陣を示せることを期待して10年プロジェクトに取り組むことにした。主任研究者と彼女のチームと共にスキルマン財団は，調査，政策提言，コンセプトペーパー，問題解決に必要な資金を調達し，さらには財団のニーズに答え，活動の拠点とするための技術支援センター

（TAC）を開設した。プロジェクトに参加した鍵となる教授たちは，コミュニティに基づく調査方法，事業評価，住民組織と開発，貧困，エンパワーメント，人種・エスニシティに関する調査知識を備えていた（Gant, 2008）。

スキルマン財団は，子どもの多さ，複合的なニーズ，問題に向かい合うコミュニティの準備度，などを基準として用い，プロジェクト参加者としてデトロイトの6ヶ所の居住地区を選択した。最初の2年間のフェーズにおける技術支援は，居住地区に関するデータを入手してデータに基づいて優先事項を展開する能力を向上させ，自分たちのコミュニティのニーズに言及する成果集中型の行動計画戦略を開発するフォーカス・グループ調査の開催を通して，コミュニティの住民が彼ら独自の優先事項と対応する居住地区の行動計画について学習し，計画していく手助けに焦点を当てた。

教授たちに加えてミシガン大学から60名もの学生が授業の一環としてプログラムに参加した。授業は，大学と市のコラボレーションの基盤としてデトロイトの中心部で行われ，理論と実践を組み合わせて，学生がグッド・ネイバーフッド・プログラムに対してより密接に関わるためのプラットフォームを提供した。

グッド・ネイバーフッド構想は，スキルマン財団と技術支援センターの代表者による進行で，全6ヶ所の居住地区で開催予定である一連の集会の一つであるコミュニティ会議の場で2006年1月28日に開始された。ミシガン大学の教員によって対話が進められ，会合によっては300人以上が集まったように初期の集客数はよい反応であった。初年度は，コミュニティからの参加者，国立地域開発研究所（National Community Development Institute, NCDI），ミシガン大学ソーシャルワーク学部の学生と教員が優先事項を特定して子どもの生活を向上させるための計画を練った。

2年目には，ネイバーフッド実行チームが行動計画に着手し始める
のに応じて，ミシガン大学ソーシャルワーク学部の主任研究者と選
任された鍵となる教員たちが技術的な支援を提供した。また，計画を
始めるにあたってのやりやすさや経験の程度が様々だったので，行動
計画を独立してモニターする方法を住民が学ぶために適したワーク
ショップやカリキュラムの開発を大学は支援した。スキルマン財団
は，住民が居住地区における発展的変化を導き，維持していくために
リーダーシップアカデミーを設置するようにミシガン大学ソーシャル
ワーク学部の学生や国立地域開発研究所に求めた（Gant, 2008）。

　残りの年度に関しては，スキルマン財団は計画を実現し，成果を評
価する統治機構を居住地区の住民が形成するよう期待している。コ
ミュニティの若者たちによるフォトボイス（この章の後半で詳述）の
使用のように，迅速で熱のこもったデータ収集／使用の試みは，将来
における積極的行動やエンパワーメントのためのきっかけになると思
われる。この初期のプロジェクトによって，変化をもたらし，若者た
ちを活用し，コミュニティ内の積極的行動を促すための第三者による
パートナーシップの効力が明らかになった。

◆───変容の理論

　選ばれた6ヶ所のコミュニティにおいて実施された数多くのフォー
カス・グループ・インタビューや会議（図6.1）の結果として，ミシ
ガン大学スキルマンチームは変容の理論を構築した（図6.2）。変容の
理論が重要な役割を持つ人々と彼らの間の相互関係だけでなく，期待
される成果や鍵となる活動の成功指標（図6.3），つまり，論理的なモ
デルも試している点に留意してほしい。コミュニティの変容過程は
（草の根レベルのコミュニティメンバーによって作動しているという

意味で）非常に本質的なものであり続けている。変容の理論は，グッド・ネイバーフッドの住人が自らの欲する変化を起こす資源や技能，成功を左右するデータ収集を補助する能力を有しているという信念に基づいている。情報を共有し，新たな知識を得ることにより，住民は彼らの強みを踏まえて自分たちの居住地区を再生するために共に働くのである。

　また，スキルマンチームは，子どもの福祉を促進するコミュニティの能力を向上させるべく，全ての利害関係者の間で知識を共有し，コミュニケーションを最大化するパートナーシップを形成することを最終目標として，マルチレベル技術補助戦略（表6.1）を開発した。それぞれのコミュニティが特定の目標を明確化するにつれて，介入方法が議論され，成果に対する評価方法が定義され，そして実行された。成果を評価するために使用された方法のいくつかは，文脈に即した評価，振り返り調査，技能評価表などを含み，トライアンギュレーション（三角測量法）されたものだった。

　グッド・ネイバーフッド構想は，青年犯罪防止，リーダーシップアカデミー，フォトボイスなど様々な介入プロジェクトを含んでいる。具体例として次のセクションでは，コミュニティ参加型調査に若者を巻き込む強力な方法であるフォトボイスプロジェクトの開発と実施について説明する。

図6.1 計画フェーズ1：コミュニティの目標と戦略の範囲 (Ziedens & McGee, 2006 より)

図6.2 変容の理論：グッド・ネイバーフッド，国立地域開発研究所（Allen-Meares et al., 2008 より）

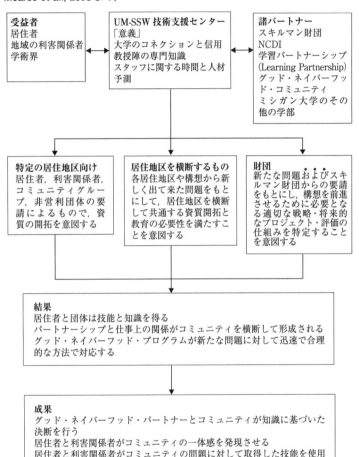

受益者
居住者
地域の利害関係者
学術界

UM-SSW 技術支援センター
「意義」
大学のコネクションと信用
教授陣の専門知識
スタッフに関する時間と人材
予測

諸パートナー
スキルマン財団
NCDI
学習パートナーシップ
（Learning Partnership）
グッド・ネイバーフッ
ド・コミュニティ
ミシガン大学のその
他の学部

特定の居住地区向け
居住者，利害関係者，
コミュニティグルー
プ，非営利団体の要
請によるもので，資
質の開拓を意図する

居住地区を横断するもの
各居住地区や構想から新
しく出て来た問題をもと
にして，居住地区を横断
して共通する資質開拓と
教育の必要性を満たすこ
とを意図する

財団
新たな問題およびスキ
ルマン財団からの要請
をもとにし，構想を前進
させるために必要とな
る適切な戦略・将来的
なプロジェクト・評価の
仕組みを特定すること
を意図する

結果
居住者と団体は技能と知識を得る
パートナーシップと仕事上の関係がコミュニティを横断して形成される
グッド・ネイバーフッド・プログラムが新たな問題に対して迅速で合理
的な方法で対応する

成果
グッド・ネイバーフッド・パートナーとコミュニティが知識に基づいた
決断を行う
居住者と利害関係者がコミュニティの一体感を発現させる
居住者と利害関係者がコミュニティの問題に対して取得した技能を使用
して対応する

図6.3 成果：グッド・ネイバーフッド・パートナーとコミュニティが知識に基づいて決断。居住者と利害関係者がコミュニティの一体感を展開（TAC作成）。

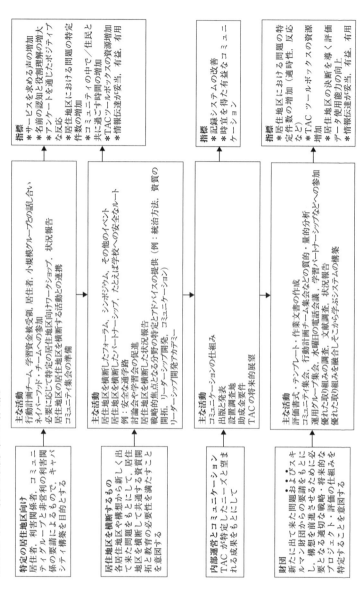

表6.1　マルチレベル技術支援戦略。GNI グッド・ネイバーフッド構想：TA 技術支援（Ziedens & McGee, 2007 より）

居住地区を横断する技術支援	特定の居住地区向け技術支援	GNI全般に対する技術支援
居住地区を横断する技術支援は，特定のGNI居住地区だけでなく複数の地区に関係する技術支援を扱う。居住地区を横断して共通する資質の開拓と教育の必要性を満たす助けとなり，ニーズが満たされた後は主導権を居住区レベルに移行予定である： この種の技術支援は，GNI教育助成金，大規模コミュニティ集会の記録，行動計画チーム集会の記録，行動計画など多様な書類の（質的）分析を通して共通のテーマを特定することで決定され得る。 この種の技術支援は以下の機会を通じて提供され，全てのGNI居住区の住民／利害関係者／パートナーが参加可能なものである。 ・ワークショップ ・技術支援報告 ・小規模な円卓会議 ・昼食を兼ねた会議 ・会合	特定の居住地区向け技術支援は，居住地区の住民，利害関係者，コミュニティグループ，GNIに従事する非営利団体からの個別の技術支援要請に基づく。個々の居住地区レベルでの資質を開拓する必要性を満たす助けとなる。 多くの場合，この種の技術支援は個々の居住者，コミュニティグループ，非営利団体，または構想による提言の要請を通して応答する。 この種の技術支援は次の方法によって提供されることが多い。 ・居住者，コミュニティグループ，非営利団体との個別相談 ・その他の団体との協力で大規模コミュニティ集会フェーズⅠ（1〜3番）のデータ報告書の作成 ・コミュニティチームへの参加 ・技術支援報告	グッド・ネイバーフッド構想全般に対する技術支援は，構想全体を計画的・意図的に推進するために求められる，適した戦略・将来的なプロジェクト・評価方法の仕組みの決定に関わる資質を開拓するニーズを満たす助けとなる。 また，スキルマン財団によって要請された技術支援も含む。要請された支援は様々な目的のためのデータ／情報／報告書を含む。 この種の技術支援は一般に以下の提供を伴う。 ・報告書（質的分析） ・技術支援報告 ・関係情報の収集・まとめ ・評価（量的分析） ・テンプレート／作業文書 ・文献調査 ・事業チーム集会 ・週ごとの電話会議 ・学習パートナーシップ集会

技術支援5分野：スキルマン財団によって2006年6月に設定，（上記）全技術支援レベルにまたがる

1. 統治方法	2. パートナーシップ	3. コミュニケーション	4. リーダーシップ開発
鍵となる問い／問題は何か？ 例：各コミュニティにおいて構想はどのように運営されるか？　統治構造はどのようにあるべきか？　その他の検討事項は何か？	鍵となる問い／問題は何か？ 例：どのようなパートナーシップが必要か？誰が相互協力すべきか（政策改定，草の根）？　誰が仲介人なのか？	鍵となる問い／問題は何か？ 例：グッド・ネイバーフッド構想においてコミュニケーションはどのように行われるべきか？コミュニケーションツールは何か（コミュニティと共にコミュニティを横断して考える）？	鍵となる問い／問題は何か？ 例：どのリーダーシップ開発モデルがGNIコミュニティにとって有用か？

5. 資質の開拓

鍵となる問い／問題は何か？
例：各居住地区においてどのような能力が培われるべきか？　グッド・ネイバーフッド構想を実施するためにどのような能力を開発する必要があるか（上記1〜4, 同様にマルチレベルTA戦略に関係して）？

◆────グッド・ネイバーフッド介入プロジェクト：デトロイトにおけるフォトボイス

　フォトボイスとは，コミュニティのメンバー（地理的または社会的アイデンティティを共有するメンバー）にカメラを持たせることによって，彼らを記録者，そして社会変容への潜在的なきっかけとすることを可能にするプロセスである（Goodhart et al., 2006）。このプロセスを通してフォトボイスは，自分たちのコミュニティ内に変化を起こす力を人々に与える社会正義への支援の手段となることが期待されている（Molloy, 2007）。フォトボイス創始者の2人であるキャロライン・ワン（Caroline Wang）とメアリー・アン・バリス（Mary Ann Burris）（1997）は，フォトボイスには主に3つの目的があると述べている。それらは(1) 人々がコミュニティの強みと懸念点を記録し，省察することが可能になること，(2) 写真についての大小の集団ディスカッションを通して，批判的対話や重要な問題に対する知識を促進すること，(3) 政策立案者にリーチすること，である。

　フォトボイスは生活の中で出会う問題を分析し，その事柄について対話することを奨励するフレイレの批判的意識理論（Wang & Burris, 1997）に基づいている。また，男性視点への偏りが参加型調査に影響してきたという認識のもと，フェミニスト理論および実践もフォトボイスに影響をおよぼしてきたかもしれない（Wang & Burris, 1997）。

　フォトボイスは居住するコミュニティにおいて歴史的に発言権が与えられてこなかった人々をエンパワーするために世界中で使用されてきた。フォトボイスは最初に中国雲南省の農村女性の間で使用され（Wang, Morrel-Samuels, Hutchison, Bell, & Pestronk, 2004），その後アメリカ合衆国においても積極的に使用されてきた。たとえば，フォトボイスはミシガン州フリントの若者や大人たちにコミュニティ

構築運動に参加し，地域の住人としての不満や希望を表明する機会を与えた。また，メリーランド州ボルチモアにおける若者のための放課後プログラムでも使用され，自分たちのコミュニティにおけるさらなる補助の必要性を表現することを可能とした（Strack, Magill, & McDonagh, 2004）。フォトボイスはカリフォルニア州コントラコスタの小学生をエンパワーするために使用されたこともある（Wilson et al., 2007）。これら全てのプロジェクトは，選ばれたコミュニティの住人をフォトボイスプロジェクトに巻き込み，彼らに発言のすべを与えてコミュニティ内に社会変容を引き起こすことを可能にする点において大きな成功をおさめている

グッド・ネイバーフッド・プロジェクトは大人を動員することには非常に成功していたが，若者の動員についてはそうでもなかった。プロジェクトに参加した全6ヶ所の居住地区においてコミュニティ開発とエンパワーメントのための行動計画が作成されたが，そのうち5地区の若者は行動計画の開発やそれに対する反応において秩序立った組織的な声を文字通り持っていなかった。そのため，これら5地区では計画プロセスへの若者たちの出席や参加が悪かった。

コミュニティ開発構想におけるフォトボイスの使用に関する米国評価研究学会での最近のプレゼンテーションを通して（Love & Muggah, 2005），財団のスタッフが若者を動員する戦略としてフォトボイスを使用することに興味を抱くようになった。この関心から，プロジェクトスタッフがコミュニティへの介入方法としてフォトボイスを使用する訓練を受け，フォトボイスを使用した介入の導入——および評価方法——に同意した（ここから174ページまでのフォトボイスについての議論は Allen-Meares et al., 2008 を参照）。

行動計画作成チームによって示されたコミュニティのテーマと変化目標を写真でとらえるために大学スタッフと共に働くよう約6人から

8人の若者たちとソーシャルワーク学部のインターン生が各コミュニティで雇われた。全ての若者たちがフォトボイスの取り組み方について訓練を受け，プログラムへの参加に同意した。フォトボイスデータ分析とディスカッション用の書式と参加評価用の書式も作成された。

　フォトボイスの実施には，特定の社会的支援プロジェクトまたは構想の枠組みを規定するテーマの開発が必要である。スキルマン財団と技術支援センターは，5地区に居住する若者たちにとって，今回のフォトボイス使用にあたって効果的な枠組みは，以下のシンプルな例が示す行動計画の短・長期的な優先項目とそこから発生する実施戦略または生成された行動であると決定した。

　犯罪と安全に関する行動計画
　　長期的優先項目A——若者の犯罪予防。生活の質を改善するような有益な活動を通じて，若者の生産性が向上するように働きかけ，支え，成長させる活力ある環境を育成する。
　　短期的優先項目A——若者の犯罪予防。若者や家族を特定のプログラムに登録する。
　　実施戦略A——若者の犯罪予防。現在成功しているプログラムとあまり使用されていないプログラムを判定するためのリストを作り，違いを記録するとともに資源を提供できるパートナーを特定する。

　フォトボイス世話役は，人気が高いフレイレ教育アプローチを用いて，若者たちに行動計画や若者の立場からのプログラムの意義（サービス受益者やクライアントという立場を超えた，たとえば，若者にとっての犯罪予防の意味，必要とされているプログラム）に関する戦略的話し合いに参加してもらった。この話し合いが，犯罪予防に関す

る若者の考え方や立場を反映する写真の数々の例に変化するのである。そして若者は SHOWED と呼ばれる相互作用的なプロセスを通して，多数の写真から最も重要な数枚に数を絞る。若者たちは次の6つの問いを通してそれぞれの写真を吟味する。

1. ここに何が見えるか？
2. ここでは実際に何が起こっているか？
3. それは私たちの生活にどのように関係しているか？
4. なぜその問題や状態が存在しているのか？
5. この写真はどのようにコミュニティや政策立案者を教育できるか？
6. 私たちはそれ（問題や状態）に対して何ができるか？

　フォトボイスを展開するに際しては，公共コミュニティスペースにおける写真の公開プレゼンテーション，写真についてのディスカッション，そして最終的には参加者による行動計画と課題の作成が必要となる。スキルマンプロジェクトに参加した学生たち（各居住地区から約13名ずつの合計60名）は，写真のデザインや展示方法についてミシガン大学芸術学部のスタッフから指導を受け，ミシガン大学デトロイトセンターオーケストラプレイスでの展示のために固定式と移動式の作品を作製（各2週間）し，プロジェクトに参加した5ヶ所の居住地区に設置された常設展示場へも移動展示した。それぞれの地区では，ミシガン大学芸術学部とソーシャルワーク学部の主催で，学生フォトグラファーの進行による開会のレセプションが開催された。このレセプションでは，学生の居住地区に焦点を当てた行動計画が発表された。
　結果として生じた批判的対話が，若者たちが作品を示して，コミュ

ニティに対する言い分，考え，希望，夢を一人一人の出席者と共有することを可能にした。これらのイベントの成果は絶大だった。2つのコミュニティの展示は近隣の展示場へと移動した。あるコミュニティでの展示はスキルマン財団の理事会において紹介された。州規模の児童支援団体であるミシガン・チルドレンは，若者たちが州議会で展示を発表するサポートをすることに関心を示している。フォトボイスの展示会やプロジェクトに関する記事は地元の週刊新聞メトロタイムスにも掲載された。

　写真を通して提起された課題について批判的な対話を奨励することによってフォトボイスの参加者たちは，課題や懸念点のみでなく，潜在的な解決策や自分たちの生活やコミュニティが持つ強みへの気付きも生み出した。写真と説明は，発表，展示，書籍，ビデオ，CD-ROM，インターネットなどを含む数多くの媒体を通して聴衆との共有が可能である。

◆───フォトボイスプロジェクトの調査デザイン

　調査デザインは，今から1～3年以内に実施される予定のより大規模な構想に向けた検証サブスタディである。現状の妥当性確認のサブスタディでは，グッド・ネイバーフッド6地区のうち1地区に居住する13歳から18歳の若者の少数サンプル（60ケース）を用いて展開する，予備的な事前事後デザインを反映している。フォトボイス介入プログラムにおいては，調査期間の短さや活動に対する関心の高さから通常は調査離脱率が問題にならない。とはいえ，我々は約10%の離脱率を予測しており，参加者の交代は行わずに介入プログラムを進めるつもりである。フォトボイス介入プログラムの最初のコーホートとなる若者たちを雇用する際に，プログラムスタッフが，学

生エンゲージメントに関する標準化された調査（National Survey of Student Engagement, 2008）を使用して介入前と介入後のデータを収集し，仮説を立てて検証することを提案した。この試みは，フォトボイス効果の実質的な貢献をエビデンスに基づいて分析する最初のステップであった。その後，プロジェクトの具体的な目的が次のように特定された。

1. 若者たちの介入への参加と，居住地域開発構想への関与に関しての態度や行動における変化との関連の調査。
   a）仮説1：開始時と比較して，若者向けサービスや市民参加について，若者たちがより積極的な態度や信念を示す。
   b）仮説2：開始時と比較して，プログラムに参加している若者たちは，グッド・ネイバーフッドに関連する特定のコミュニティサービス活動への従事により強い意欲を示す。
   c）仮説3：調査開始時と比較して，プログラムに参加している若者たちは，グッド・ネイバーフッドに関連する特定のコミュニティサービス活動に対してより積極的関与を示す。
   d）仮説4：開始時と比較して，プログラムに参加している若者たちは，グッド・ネイバーフッド以外のコミュニティサービス活動に対してより積極的な関与を示す。

■参加者の活動
学生たちは以下のような活動に参加した。
1. ベースラインと介入のサーベイの完了
2. フォトボイスの訓練

3．コミュニティ内での写真撮影

4．撮影した写真の解釈

5．展示室（デトロイトセンターオーケストラプレイス）での写真の取り付け

6．フォトボイスプロジェクトのコミュニティによる歓迎会

7．各居住地区において常設展示するためのフォトボイスプロジェクトの移設

■尺度について

【定量的なもの】

　若者たちは調査開始時と介入後に，より大規模な調査である全国大学生調査（National Survey of Student Engagement）に取り入れられている，たとえば，人口統計の尺度への回答を済ませた（NSSE, 2008）。大学生調査は，アメリカ全土の数百におよぶ4年制大学から毎年，学生の学びと成長のために大学が提供するプログラムや催しへの学生の参加に関する情報を入手している。調査の結果から大学生がどのように時間を使用しているか，大学に通うことで何を得ているのかについて推定することができる。大学生調査における調査項目は，学部教育における実証的に確認された「優れた取り組み」を表している。つまり，それらは大学に求められている成果と結びつく学生や大学の行動を反映しているのである。大学生調査は，通常は学部1年生を対象に実施されるが，高校生のためのサービスラーニングの状況の評価に関心がある高校によって使用されたりもしている（NSSE, 2008）。

【定性的なもの】

　フォトボイスプログラム実施のプロセスは，有形の資料（写真と撮

影者の注釈）を生み出しこれらの資料が，関連出版物や論文のなかで学生の社会福祉サービスに関係する態度や意見の変化に関する事例，またはエビデンスとして使用される可能性がある。学生の名前についてはどの発表においても匿名のままにされるかアルファベットと数字を組み合わせた偽名が使用された。

■分析

フォトボイスデータの一般的な分析は質的なもの（内容／テーマ分析）である。関連する分析では若者の社会的関与やリーダーシップについて追加の（量的）評価がなされることは今までほとんどなかった。フォトボイスの我々の量的な分析は，写真の内容や若者が書いたものについては言及していない。その代わりに分析は，若者の社会的関与についての学生の認識に影響を与える（と期待される）介入としてフォトボイスをとらえ，若者の社会的関与を介入前後に測定している。従って，典型的な方法に沿って，介入前後の値の変化を人口統計諸変数で説明する統計分析を実施し，そのなかで行われた各人口変数ごとの t 検定の結果をそれぞれの変数ごとに表で示す。年齢コーホート，ジェンダー，またはその他の人口統計属性による結果の相違が仮説化されていないため，分析は役割として主に探索的なものになるであろう。サンプル数の少なさから，統計結果の推定や実施された分析に関して保守的であるほうが良い。フォトボイスプロジェクトに多大な介入効果があると想定しない限り，この調査の検出力は多少不十分であり，またこの想定を保証する実証的サポートはないからである。

■進行役

フォトボイスプロジェクトにおける進行役はインターンを務めていたソーシャルワークを学ぶ5名の大学院生が担った。これら全ての大

学院生は，主任研究者からフォトボイスの使用説明について訓練を受けていた。その一人は使用説明の基本になるものとしてトレーニングマニュアルを作製した。各大学院生は選択された5ヶ所の居住地区の中の一地区でフォトボイス戦略を率いた（この介入の前に実施された若者の雇用についての集中的なフォトボイスの使用から，ヴァーナー地区は参加を辞退）。院生たちはそれぞれの地域のグッド・ネイバーフッド・コミュニティ調整役と連動してスケジュール表を作成した。

■参加者の募集

　学生たちは各居住地区における使用可能な資源を反映させて独自の参加者募集会場と方法を開発した。各地区において一貫していたのは，参加資格，保護者用同意書，18歳以下の場合の参加承諾書，報酬の支払いについての情報を含むフォトボイス説明会を特定することである。各コミュニティにおいてコミュニティ調整役とプログラムスタッフは，これまでにグッド・ネイバーフッド集会または企画集会に関与した，または参加したことがあるかもしれない若者たちの集団を特定することで通常の募集活動を補強した。

■報酬

　若者たちはフォトボイスプロジェクトに参加することで，最大で500ドルを受け取ることができる。報酬は，訓練，写真撮影，分析，ナラティブの省察，展示準備のための時間を含んだ学生の時間労働として支払うことにした（1時間あたり約12ドル）。

◆────終わりに

　この章では，CBPRの歴史について詳細に述べた。CBPRは，学術

界とコミュニティを橋渡しする混合手段に取り組む，極めて有益な協力的アプローチで，共同学習や資質の開拓が起こる参加型のプロセスである。それは，研究と行動の調和を実現するエンパワーメントのプロセスであり，トランスレーショナルサイエンス／文脈化されたサイエンスに貢献するものである（Minkler & Wallenstein, 2003）。

　フォトボイスの利用は，コミュニティの住民，学術界，資金源の間に存在するパートナーシップによって特定され実施される革新的な戦略の素晴らしい実例である。それは，住民をより巻き込み，これまであまり能動的でなかったであろう人々（若者たち）に手を差し伸べて彼らの声を発信することでコミュニティに有益な影響を与えるためのものである。

　実際，グッド・ネイバーフッド構想においては，フォトボイスの実施は全プロジェクトのなかで成功した部分であると考えられている。問題もありはするが，若者たちとそのコミュニティはプログラムへの参加を通して肯定的な変化を経験してきた。究極の課題は，プロジェクトの進行と共にこの勢いをもとにして前進していくことである。

　大学の教授とプログラムスタッフは，CBPR における彼らの役割をふまえてプログラム成功のための提案をまとめた。こういったコミュニティ変容の方法に関与する人々のために，これらの経験から以下の事柄を記載してまとめとする。

1. 居住地区と参加者の成人識字レベルを認識しつつ，効果的でかつ尊重しあったコミュニケーションを可能にする共通の言語を見出す。それには多くの対話を必要とする（Gant, 2008; Miller, 2008）。詳細なスケジュールと期待されることを記載したフローチャートによって，全ての利害関係者が役割を理解し，プログラムのプロセスについて広い視野を持つことが

可能になる（Gant, 2008）。

2．鍵となる利害関係者間においてロジスティックや戦略計画に責任を持つ「実施委員会」を設置する（Gant, 2008）。

3．対話を促し，関係を密にするために頻繁に会合を持つ。グッド・ネイバーフッド・プロジェクトでは，3名の主たる利害関係者が（できる限り）週1回1時間またはそれ以上の会合を開き，それが良い結果につながった（Gant, 2008）。

4．年長の指導者の間で質の良いコミュニケーションを発展させる。特に，信頼に関する一般的な問題，文化の垣根を越えて議論を推進する方法，グッド・ネイバーフッドのような試みと食い違ってしまうような活動の進め方，などについて話し合うために十分にコミュニケーションを取る必要がある（Gant, 2008）。

第7章

まとめとして

　ポケットガイドの一冊である本書では，ソーシャルワークや隣接分野の研究者が調査の際に使用するかもしれない様々な調査手法を，文化的に適した方法で行うことについて述べている。よりエミックな観点に依拠した方法もあれば，エティック・アプローチを用いるものもあり，また両者の組み合わせを利用したものもある。我々が取ったアプローチは，特定の集団に特有な文化的要因を特定し，調査対象集団について全面的な一般化を行いがちである従来の調査者によるアプローチとは合致していないと認めよう。第1章で述べたように，我々はわざと，集団に関する一般的な見解に頼るのではなく，個人に対しての配慮を重視する調査を実施するためのアプローチを，意図的に読者のみなさんに提供することに決めた。この「個別化」アプローチは，本質主義的な特徴（静的であるまたは変化しない）を帯びる，人々に対する過剰で潜在的に誤った一般化に依拠するよりも得るところが多いものだと確信している。文化，ジェンダー，人種・エスニック，世代間，社会・経済的レンズのどれを通してであったとしても，調査対象である特定の集団に配慮することにおもな関心があるので，我々はもっぱらこのアプローチをより好んで使用しているのである。本書を執筆しながら，文化的要因と思われるものだけではなく，複数

177

のアイデンティティを分析する我々の傾向は，プロジェクトの多くが伝統的というよりはコスモポリタン的な生活を送る人々が暮らす都市において実施されたという事実から生じていることを認める。実際，読者のみなさんも我々が文化的要因について比較的はっきりと述べた箇所のほとんどが，田舎の保留地で暮らすアメリカ先住民を対象としたプロジェクトについての第2章に見いだせることに気が付くだろう。

　本書において我々は，混合研究法，人口集団に基づく調査，縦断的調査，実験デザイン（二群ランダム化比較試験），コミュニティに基づく参加型調査の例を特別に選定した。これらがソーシャルワーカーや他の専門家によって一般的に調査されるリサーチクエスチョンの検証において最も頻繁に使用されるアプローチだからである。これら5つの調査方法は，リサーチクエスチョンの検証が可能な全てのデザインを網羅している訳ではない。1冊の本において全てをカバーすることは不可能だからである。従って，これら5つの特定の調査方法の選択には，多様な集団に対して適用し，調査を行ってきた経験から，我々がこれらのデザインを熟知していることが影響した。それぞれのプロジェクトや各集団への適用について記述するに際して，もし我々がこれらの調査を行っていなければ不可能であったであろう洞察を提供できたと強く感じている。プロジェクトについての細部まで立ち入った知識が豊かな記述を可能にしてくれたのである。

　第1章で指摘したように，これらのトピックを選んだことによって他のものを無視することになった。たとえば，多くの重要な調査デザイン（たとえば，民族誌的調査，準実験的デザイン，ケース・スタディ，ケース・コントロール・スタディ，クロスオーバー比較デザイン），革新的なデータ収集戦略（すなわち，経験サンプリング法）や人口集団（たとえば，特定のラテン系アメリカ人，アジア系アメリカ人，太平洋諸島民，アメリカ合衆国または他の国々に居住するアラブ

系住民）などはカバーしていない。我々は言うまでもなく，全ての調査デザイン，革新的なデータ収集方法，または人口集団について議論するための専門知識を有してはおらず，そもそも1冊の本においてそのような膨大な任務を達成するために必要なスペースを提供することは難しいだろう。実際問題として各プロジェクトに関して我々が議論したいトピックを選択して狭めるのは，プロジェクトの成功にとってそれら全てが重要な役割を担っているため，非常に困難なことだった。最終的には，調査方法，調査対象集団，プロジェクトの選択は，我々の専門的そして個人的な関心を反映することになった。

　そのような考えから，それぞれの章は，各プロジェクトから厳選されたいくつかの特徴に関して多様な集団に適用された豊かな記述を提供している。調査方法や人口集団が異なるにもかかわらず，いくつかの軸によりそれらはつながりを持っている。最も顕著なものの一つは，人々の間のパートナーシップを発展させる重要性であり，このことはここで紹介した全ての調査デザインやプロジェクトをつなげるテーマである。パートナーシップのうちのいくつかは，異なるトレーニング，異なる調査の焦点，異なるパラダイムを持つ研究者間のものである。他のパートナーシップは，研究者と調査参加者との間のものである。たとえどのような調査デザインや人口集団であったとしても，異なる分野の研究者とパートナーシップを築くことや調査対象者についてではなく彼らと共に調査を実施することに我々は強い思い入れを持っているのである。

　我々はまた各章のいたるところで，質の高い関係を構築し維持するためには，時間がかかるということも強調している。これはもう一つの共通する軸である。つまりこれらの協力関係は一晩にして表出するものではなく，育てていかなくてはならないものなのである。信頼できる関係を作り出すためには，相当な量の時間と努力を費やすことが

重要である。実際にどのようにしてこれらの関係が形成されるかは集団によって異なるかもしれないが，変わらないことは全ての当事者，とりわけ研究者たちが，互いの観点を尊重しそれらに耳を傾けようとする意志である。「とりわけ研究者たちが」と述べたのは，学問的訓練を受けた人たちとそうでない人たちが生み出す内在的な階層的構造のためである。我々の視点から言えば，互いの観点を尊重するということは，提案された全ての考えを実行するという意味ではない。そうではなく，異なる知識や情報を共有する方法論を尊重し，積極的に様々な意見や見方を招き，そして次の調査ステップについて決定する前に――それは特定のリサーチクエスチョンによって導かれるのだが――それらについて真剣に考慮することを意味する。多様な意見を求めはするが，結局は一方的に決定して他の意見を無視するような研究者は，我々が協力関係について言及する際に想定しているものではない。

　もう一つの軸は，調査プロセス全体の最初から最後まで調査対象者の保護に慎重な注意を払うことである。決して会うことのなかったかもしれない人々が我々を信頼し，彼らの生活の一部を共有するためにドアを開いてくれたことを我々は光栄に思う。そうすることによって，研究者が生み出すかもしれない出版物，レポート，発表の結果として彼らは世界中の人々に対して生活を開示したことになるのである。それゆえ，我々は彼らの権利やプライバシーが完全に守られることを確実にしたいと思う。調査参加者の保護は我々が非常に真剣に取り組んでいる活動である。それぞれのプロジェクトにおいて，自発的に調査へ参加することで生じ得る潜在的なリスクを最小化するためにできることは全て行った。

　最後の軸は，本書で記述したプロジェクトの全てが何かしらの形で研究資金の助成を受けていて，そのうちのいくつかは極めて大きな額だということである。それはデルヴァとカステロ（Delva & Castillo）

（2010）による国際的な協力関係に関する議論で強調されている点であるが，国内で行われる研究にも当てはまることで，わずかな予算で研究を行う必要はないという一つの証拠でもあるのでこの点を強調しておきたい。この議論に触れるにおいて，協力関係を構築するために（つまり，車の走行費用，旅費，多くの食費，電話代，ボランティアの活用）個人的な資金をどの程度使用し，それらの費用がどの程度大学（担当科目の免除）や試験的資金（小規模な内部補助金）によって賄われたのか（またはしばしばそうであるように賄われていないのか）について説明していないことに気が付く。個人的な資源をこういった協力関係のために注ぎ込むことは必要な事として期待されており，たとえ立て替え払い金の還付が可能でなくても我々はそうすることを厭わない。しかし，調査を実施するために必要な資金を獲得できるくらい競争力のある調査チームを立ち上げることは，研究課題の現実的な目標の一つであるべきだと提言したい。複雑な問題に取り組むには，追加的な資金の投入によってのみ進めることが可能な複雑なアプローチを要求するため，資金が必要となる。

◆───調査における次のステップ：インターセクショナリティ的視野に立つ

通文化的に調査を行ってきた我々の経験から，フェミニスト的思考や研究，また規模を拡大しつつあるジェンダーとセクシュアルアイデンティティに関する理論的・実証的文献で重視されているように，インターセクショナリティという概念に調査者もより一層注意を払う必要があると言えるだろう（Cole, 2009; Diamond & Butterworth, 2008; Shields, 2008）。我々がこのような指摘をするのは，世界中において高まる相互関連性──人々の価値観，信念，態度，行動（伝統的

および近代的な）が多様なその他のアイデンティティ（つまり，ジェンダーとセクシュアルアイデンティティ，人種とエスニシティ，社会・経済的地位）と結びついていること——によって，文化的要因はさらに流動的で可変的で動的になっていると思うからである。それらのものを他のそういったアイデンティティから区別するまたは切り離すことは，それが可能だと想定したとしても，より困難になってきている。本書の焦点は文化横断調査であるため，本書を通じて調査者に対して調査を行う際にこれら他のアイデンティティを考慮するように奨励している。しかしながら，逆もまた真である。もしインターセクショナリティを前提とした調査が文化的要因，人種やエスニック的な違いにさらなる注意を払うならば，そのようなジェンダーとセクシュアルアイデンティティ，社会・経済的地位，また他のアイデンティティについての研究も強化されるであろう。

　結論の前に，個人や家族が従来の枠組みを超えて適合するように，文化のみでなく他のアイデンティティにも注意を払うといった，我々自身の調査でも志向する以下の主張を提示する。

・文化的要因を，地理的・歴史的文脈の中で発生し，多元的に決定される流動的で動的なものとして考える。
・文化についての主張を行う前に，在留資格，移民世代，コーホート，性別，ジェンダーとセクシュアルアイデンティティ，資産，収入，教育，職業的地位，人種やエスニシティなどの他のアイデンティティについて考慮する。
・観察された行動，価値観，信念や態度はある集団の中で分布があり，それらは上で述べたアイデンティティの分布と多元的で複雑な方法で交差し，重なり合っていることを考慮する。
・こういった複雑さを捉えようと流行語や包括的な語句を造語す

るよりも，特定の行動，価値観，信念，態度を測定し，そのことについて述べるほうがより重要な目的である。

・調査対象について全面的に一般化した言明をするという特定の目的のために変数の平均を推定するよりも，構成概念やそれに対応した変数間の関連，相互関係，多様性を理解することにより焦点を当てたリサーチクエスチョンを立てること。基本的に，類型化することよりも説明することを目的にする。

・粗雑な一般化を避けること。

・積極的に聞く技術，違いを理解するための誠実な努力，礼儀正しく接する態度，を通して人々の経験を承認することによって尊敬を示す。

・ゲートキーパーを特定し，彼らを調査のパートナーや共同研究者として招くこと。調査対象者の言語や習慣を勉強し学ぶこと。単にこれらの集団からスタッフを雇用することに依存してはいけない。彼らと共に暮らし，経験を共有することによって彼らから学ぶことができるのである。

　結論として，読者のみなさんが本書に書かれた経験から利益を得て，少なくともそのいくつかを自身の調査に応用してくれることを心から望んでいる。アメリカ合衆国以外の国々で実施された調査の例を紹介できたことは恵まれていると思う。調査がアメリカ合衆国で行われようが，他の国々で行われようが，先に述べた同様の軸が当てはまる。終わりに，今後の改善のために，我々が書いた内容について読者のみなさんの意見を聞かせていただきたい。そして，みなさんの研究アイデアについて意見を交わすことができれば有意義だろうと心から思う。そうすることで我々の学びの助けになり，結果として心躍るような協力関係に発展するかもしれないのだから。

訳者あとがき

　振り返れば，「ポケットガイドシリーズの1冊を訳さないか」とアメリカでの大学院時代の知り合いからお声がけいただいたときから，足掛け10年という年月が経っている。さまざまな不可避的または避けられたかもしれない要因によって出版までに時間がかかったのだが，その間に調査をとりまく社会環境は大きく変化した。また，この期間は，当時は大学教員になりたてだった私がアカデミアの人間として根を張り，大学院生だった共訳者が，ジャーナリストとしてキャリアを積み重ねるのに十分な時間でもあった。原書が出版されてからなるべく早く日本語訳を世に出すことも重要であるとは思う。しかし，『文化横断調査』が伝えようとしている内容は，結果的にではあるが，この複雑化し日々混沌さを増す「今」の時代だからこそより明確な意味を持ち，読者のみなさんにとって新鮮な知識を提供できているのではないかと考えている。自身のフィールドでの経験から，調査を有意義に行うにあたっては知っておいて「役に立つ知識」というものがあると信じている。その点においても，ソーシャルワーク分野だけでなく，調査者本人とは異なる社会・文化環境において調査を行おうとするすべての調査者にとって頼りになる日本語版ポケットガイドになったと自負している。

　本書の大きな特徴は，調査対象集団を分析する際に原因をその「文化」に安易に帰する姿勢について繰り返し注意を喚起している点である。一方的で画一的な理解ではなく，特定の調査トピックに影響を与えていると考えられる多様な要因を認識し，それらの相互作用の結果

としてその集団を多面的に把握しようとすることが，調査としてまず重要なのである。また，そのような理解はある時点のみで成り立つものではなく，時間をかけたプロセスによって可能になるということも強調されている。さらに，調査者の独りよがりではない「（調査対象の）文化に適切に配慮した調査」というものは，互いのありかたを探り，徐々に理解を深め，時に摩擦を生みながら形成されていくのである。詳細は本論を読んでいただきたいが，例えば，インタビューのためのアポイントをとるという一見簡単な事柄であっても，メール等で数ヶ月前から連絡するのではなく，他の事柄についておしゃべりをしたついでに約束を取り付けるほうが信頼でき，無理がない流れの場合もあるのである。調査者の慣れ親しんだ得意な方法で調査プロセスを進行させるのではなく，調査対象者と「共に」調査を行うことが肝要だと本書は主張する。この「共に」を真摯に実行するのは効率性や力関係において簡単ではないが，その実態についても本書では豊富な事例を基に論じている。最後に，本書の筆者らはこういった調査経験から，調査デザインの異なる量的・質的研究を章ごとに用いている。これだけ多種の調査デザインを網羅するガイドブックはユニークであろうと思う。実は，文化だけでなく，データや調査デザインを横断した調査姿勢に共感したことが，私が翻訳の門外漢でありながらも日本語訳に取り組んだ理由である。多様な調査方法やデザインを扱うのは研究者としては困難なことであるが，両者を自在に使用できればより広大な調査の可能性が広がるはずである。そのような調査への期待感を読者のみなさんとも共有できていれば，この無謀な仕事に挑戦した訳者としては望外の喜びであることを記してあとがきとしたい。

2022年8月　小金井にて

森木美恵

用語集

コミュニティに基づく参加型調査（CBPR）

調査プロセスにおいて全てのパートナーが公平に関与するように努力する協力的アプローチであり，それぞれがプロセスにもたらす独自の強みを認識するものである。

文化横断調査

文化条件によって変数が変更された状況下において，調査者が変数間の関係に関心を持っている文化集団についての自然実験。

文化的配慮

研究対象とする集団の民族・文化的特徴を調査プロセスと調和させるようデザインされた継続的で絶え間なく，終わりのない実証的かつ方法論的なつけ足しと適応。

創発的デザイン

調査プロセスにおいて，調査の問いを含めて，後に続くステップや手順を調査参加者からのインプットから発展・変容させる余地を認めるもの。

エミック

文化をその文化特有の構成概念と共に内側から研究するアプローチ。

認識論

知識の性質，前提，根拠およびその範囲や妥当性を研究する哲学の部門。

本質主義モデル

文化，ジェンダー，人種・エスニシティなどを固定された静的な，または変化しない特徴を持つ要素であると定義するモデルや観点のこと。

エティック

普遍的な構成概念を特定するために文化を横断的に比較し外側から研究するアプローチ。

病因学

特定の病気や疾患などを引き起こし，病気や疾患にかかりやすくする要因など，病気の原因や起源を言及するのに使用される。

フォーカス・グループ

あらかじめ規定された興味分野についての（人々の）認識を，寛容で威嚇的でない環境のなかで取得するために注意深くデザインされた一連の討論（Krueger & Casey, 2000）。

ゲートキーパーの役割

個人，家族，コミュニティ，集団，または国による，「部外者」（調査者）が彼らの人生へ接近することを許可する公式または非公式のプロセス。

インディアン保留地

アメリカ合衆国において連邦領土として指定され，アメリカインディアン部族評議会によって管理されている土地。保留地はアメリカ内務省インディアン事務局の管轄下にある。インディアンは好ましくない土地に強制的に移動させられたため，多くの保留地は先祖から伝わる

彼らの居留地ではない。「保留地」という名前は，合衆国憲法が批准された際に，インディアンの部族が独立して統治している国であると理解されていたことに由来する。インディアンとの条約においては，部族が広大な部分の土地をアメリカに対して引き渡し，彼らのために「保留」する一区画を指定したとする。それらの区画が「保留地」と呼ばれるようになった。

倫理審査委員会（IRB）

調査対象者の権利と福祉を守ることを目的として，人が関与する生物医学的研究や行動研究を承認，モニター，審査するために公式に指定された委員会。

縦断研究

同じ集団の個人を長期間にわたって調査することを含む相関研究。

方法論的な

本書においては，この単語は広く研究デザインや統計トピックについて言及するために使用される。

混合研究法

継続的な調査プログラムにおけるひとつまたは複数の研究内での量的および質的データの収集，分析，および統合。

全米科学アカデミー（NAS）

科学とテクノロジーの発展，その一般の福祉への使用に特化した，科学と工学の研究に携わる著名な学者による学会。

国立衛生研究所（NIH）

アメリカ合衆国保健福祉省の一部，医療研究を実施しサポートする主要な連邦機関。

ランダム化臨床試験（RCT）

参加者がランダム（偶然のみによって）に異なる処置や条件に割り当てられる研究。

統計的検出力

検定が誤った帰無仮説（差はないとする仮説）を棄却する確率。

トーキング・サークル

インディアンの人々の間の伝統的な形の集団コミュニケーション。ある物体，たいていは鷲の羽または貝，が各人に順に回され，彼または彼女は，話をしている間それを手に持っている。

族長

通常は部族やクランの長。しかし，族長たちは部族の長や部族の議長である必要はない。時として，族長は著名であり尊敬されており，行動や，しばしば生き方や伝統的行為により地位を得ている部族の長老である。

部族評議会

資格のある投票者によって選ばれた部族メンバーによって構成される部族の立法府。いくつかの部族では，評議会は資格があるすべての成人部族メンバーによって構成される。法律を制定するのに住民投票を要求する部族もあるが，部族評議会は通常，法律の作成，支出の許

可，資金の割り当て，また最高責任者や部族政府の従業員によって遂行される活動の監視を行うことにおいて他のどのような立法府とも同様の役目を果たす。内務長官に承認された，選出された部族評議会と最高責任者は部族全体のために話し，行動し，そして連邦，州，地方政府との交渉において部族を代表する権限がある。

部族メンバー

異なる部族集団で異なって定義される。部族憲法がメンバーシップの基準を明記する。通常，部族の登録リスト上の誰か，または土地が部族に割り当てられたときの元々の被割り当て者からの直系子孫であることがメンバーシップ・登録への必要条件である。その他の部族は血縁の程度，部族居住，または部族との継続したコンタクトを使用する。

引用文献

Aiello, A. E., Simanek, A., & Galea, S. (2008). Population levels of psychological stress, herpesvirus reactivation and HIV. *AIDS and Behavior.* DOI: 10.1007/s10461-008-9358-4.

Allen-Meares, P. (2008). Schools of social work contribution to community partnership: The renewal of the social compact in higher education. *Journal of Human Behavior in Social Environment, 18*(2), 77-100.

Allen-Meares, P., Gant, L., Hollingsworth, L., Shanks, T., McGee, K., Miller, P., & Williams, R. (2008). *Theory of change.* University of Michigan, School of Social Work, Technical Assistance Center. Unpublished report.

Ambler, M. (1995). History in the first person: Always valued in the Native world, oral history gains respect among western scholars. *Tribal College Journal of American Indian Higher Education, 6*(4), 4-11.

Aguinis, H., & Henle, C. A. (2001). Empirical assessment of the ethics of the Bogus Pipeline. *Journal of Applied Social Psychology, 31,* 352-375.

Anthony, J. C. (2002). Epidemiology of drug dependence. In K. L. Davis, D. Charney, J. T. Coyle, & C. Nemeroff (Eds.), *Neuropsychopharmacology: The fifth generation of progress* (pp. 1557-1573). Philadelphia: Lippincott Williams & Wilkins.

Anthony, J. C., & Van Etten, M. L. (1998). Epidemiology and its rubrics. In A. Bellack & M. Hersen (Eds.), *Comprehensive clinical psychology* (pp. 355-390). Oxford, England: Elsevier Science Publications.

Arnstein, S. R. (1969). A ladder of citizen participation. *Journal of the American Institute of Planners, 35*(4), 216-224.

Attneave, C. (1969). Therapy in tribal settings and urban network intervention. *Family Process, 8,* 192-210.

Autti-Ramo, I. (2000). Twelve-year follow-up of children exposed to alcohol in utero. *Developmental Medicine and Child Neurology, 42,* 406-411.

Bailey, T., Delva, J., Gretebeck, K., Siefert, K., & Ismail, A. (2005). A systematic review of mammography educational interventions for low-income populations. *American Journal of Health Promotion, 20,* 96-105.

Bandura, A. (1986). *Social foundations of thought and action: A social cognitive theory.* Englewood Cliffs, NJ: Prentice Hall.

Bartlette, H. M. (1970). *The common base of social work practice*. Washington, DC: National Association of Social Workers. (H・M・バートレット／小松源助（訳）(2009)『社会福祉実践の共通基盤』ミネルヴァ書房)

Becker, S. A., Affonso, D. D., & Blue Horse Beard, M. (2006). Talking Circles: Northern Plains Tribe's American Indian women's views of cancer as a health issue. *Public Health Nursing, 23*(1), 27-36.

Ben-Shlomo, Y., & Kuh, D. (2002). A life course approach to chronic disease epidemiology: conceptual models, empirical challenges and interdisciplinary perspectives. *International Journal of Epidemiology, 31*, 285-293.

Beresford, P., & Hoban, M. (2005). *Participation in anti-poverty and regeneration work and research: Overcoming barriers and creating opportunities*. New York: Joseph Rowntree Foundation.

Blanchard, E. L., & Barsh, R. L. (1980). What is best for tribal children? A response to Fischler. *Social Work, 25*, 350-357.

Boyatzis, R. E. (1998). *Transforming qualitative information: Thematic analysis and code development*. Thousand Oaks, CA: Sage Publications.

Brislin, R. W. (1983). Cross-cultural research in psychology. *Annual Review of Psychology, 34*, 363-400.

Bronfenbrenner, U., & Ceci, S. J. (1994). Nature-nurture reconceptualized in developmental perspective: A bioecological model. *Psychological Review, 101*, 568-586.

Caldwell, J. Y., Davis, J. D., DuBois, B., Echo-Hawk, H., Erickson, J. S., Goin, R. T., et al. (2005). Culturally competent research with American Indians and Alaska Natives: Findings and recommendations of the first symposium of the work group on American Indian research and program evaluation methodology. *American Indian and Alaska Native Mental Health Research: The Journal of the National Center, 12*(1), 1-21.

Campbell, D. T., & Stanley, J. (1966). *Experimental and quasi-experimental designs for research*. Chicago: R. McNally.

Canino, G., Lewis-Fernandez, R., & Bravo, M. (1997). Methodological challenges in cross-cultural mental health research. *Transcultural Psychiatry, 34*, 163-184.

Cargo, M., & Mercer, S. L. (2008). The value and challenges of participatory research: Strengthening its practice. *Annual Review Public Health, 29*, 325-350.

Caris, L. (1992, December). *Drug surveillance system in Central America, Panama, and the Dominican Republic: OAS/CICAD PAHO Project first results*. Report presented at the Community Epidemiology Workgroup (CEWG).

Chen, C-Y., Dormitzer, C. M., Bejarano, J., & Anthony, J. C. (2004). Religiosity and the earliest stages of adolescent drug involvement in seven countries of Latin America. *American Journal of Epidemiology, 159*, 1180-1188.

Cochran, W. G. (1977). *Sampling techniques* (3rd ed.). New York: John Wiley & Sons.

Cohen, J. (1988). *Statistical power analysis for the behavioral sciences* (2nd ed.). Hillsdale, NJ: Erlbaum.

Cone, E. J. (1997). New developments in biological measures of drug prevalence. In L. Harrison & A. Hughes (Eds.), *The validity of self-reported drug use: Improving the accuracy of survey estimates* (National Institute on Drug Abuse Research Monograph Series #167, pp. 108-129). Rockville, MD: U. S. Department of Health and Human Services.

Cook, T. D., & Campbell, D. T. (1979). *Quasi-experimentation: Design and analysis issues for field settings*. Boston: Houghton-Mifflin.

Costello, J. E., Compton, S. N., Keeler, G., & Angold, A. (2003). Relationships between poverty and psychopathology: A natural experiment. *Journal of the American Medical Association, 290*(15), 2023-2029.

Cozzetto, D. A., & Larocque, B. W. (1996). Compulsive gambling in the Indian community: A North Dakota case study. *American Indian Culture and Research Journal, 20*(1), 73-86.

Crazy Bull, C. (1997). A Native conversation about research and scholarship. *Tribal College Journal of American Indian Higher Education, 9*(1), 17-23.

Creswell, J. W. (2003). *Research design: Qualitative, quantitative, and mixed methods approaches* (2nd ed.). Thousand Oaks, CA: Sage Publications. （J・W・クレスウェル／操華子・森岡崇（訳）(2007)『研究デザイン：質的・量的・そしてミックス法』日本看護協会出版会）

Davis, S., & Reid, R. (1999). Practicing participatory research in American Indian communities. *American Journal of Clinical Nutrition, 69*(4), 755-759.

De Jong, M. D., Galasso, G. J., Gazzard, B. G., Griffiths, P. D., Jabs, D., Kern, E. R., Spector, S. A., & Whitley, R. J. (1998). Summary of the II International Symposium on Cytomegalovirus. *Antiviral Research, 39*, 141-162.

Delva, J., Bobashev, G., & Anthony, J. C. (2000). Clusters of drug involvement in Panama: Results from Panama's 1996 National Youth Survey. *Drug and Alcohol Dependence, 60*, 252-257.

Delva, J., & Castillo, M. (2010). International Research. In B. Thyer (Ed.), *Handbook of social work research methods* (2nd ed.). Thousand Oaks, CA: Sage Publications.

Delva, J., Spencer, M., & Lin, J. K. (2000). Racial/ethnic and educational differences in the estimated odds of recent nitrite use among adult household residents in the U. S.: An illustration of matching and conditional logistic regression. *Substance Use and Misuse, 35*, 269-290.

Delva, J., Tellez, M., Finlayson, T. L., Gretebeck, K. A., Siefert, K., Williams, D. R., & Ismail, A. (2005). Cigarette Smoking Among Low-Income African Americans: A Serious Public Health Problem. *American Journal of Preventive Medicine, 29*, 218-220.

Delva, J., Tellez, M., Finlayson, T. L., Gretebeck, K. A., Siefert, K., Williams, D. R., & Ismail, A. I. (2006). Correlates of cigarette smoking among low-income African American women. *Ethnicity & Disease, 16*, 527-533.

Delva, J., Wallace, J. M., Bachman, J., O'Malley, P. M., Johnston, L. D., & Schulenberg, J. (2005). The epidemiology of alcohol, cigarettes, and illicit drugs among Mexican American, Puerto Rican, Cuban American, and other Latin American youths in the US: 1991-2002. *American Journal of Public Health, 95*, 696-702.

Denzin, N. K., & Lincoln, Y. (2000). *Handbook of qualitative research*. Thousand Oaks, CA: Sage Publications.（N・K・デンジン，Y・S・リンカン（編）／平山満義（監訳）(2006)『質的研究ハンドブック』（全3巻）北大路書房）

Dewey, J. (1933). *How we think: Restatement of the relation of reflective thinking to the educational process*. Washington, DC: Heath & Company.（ジョン・デュウイー／植田清次（訳）(1955)『思考の方法：いかに我々は思考するか』春秋社）

Diamond, L. M., & Butterworth, M. (2008). Questioning gender and sexual identity: Dynamic links over time. *Sex Roles, 59*, 365-376.

Dillingham, B. (1977). Sterilization of Native Americans. *American Indian Journal, 3*, 16.

Donner, A., Birkett, N., & Buck, C. (1981). Randomization by cluster. *American Journal of Epidemiology, 114*, 906-914.

Dormitzer, C. M., Gonzalez, G. B., Penna, M., Bejarano, J., Obando, P., Sanchez, M., Vittetoe, K., Gutierrez, U., Alfaro, J., Meneses, G., Bolivar Diaz, J., Herrera, M., Hasbun, J., Chisman, A. M., Caris, L., Chen, C-Y., & Anthony, J. C. (2004). The PACARDO research project: youthful drug involvement in Central America and the Dominican Republic. *Pan American Journal of Public Health, 15*, 400-416.

Dowd, J. B., Aiello, A. E., & Alley, D. (2009). Socioeconomic disparities in the seroprevalence of cytomegalovirus infection in the U. S. population: National Health and Nutrition Examination Survey III. *Epidemiology and Infection, 137*, 58-65 1-8. DOI: 10.1017/S0950268808000551.

Dowd, J. B., Haan, M. N., Moore, K. A., Blythe, L., & Aiello, A. E. (2008). Socioeconomic gradients in immune response to latent infection. *American Journal of Epidemiology, 167*, 112-120.

Drisko, J. W. (2004). Qualitative data analysis software. In D. Padgett (Ed.), *The qualitative research experience* (p. 205). Belmont, CA: Wadsworth/ Thomson Learning.

Dykeman, C., & Nelson, J. R. (1995). Building strong working alliances with American Indian families. *Social Work in Education, 17*(3), 148-158.

Fasenfest, D., & Gant, L. (2005). A model for ap-active and progressive university-community partnership. *Professional Development, 8*(2/3), 24-39.

Finlayson, T. L., Siefert, K., Ismail, A. I., Delva, J., & Sohn, W. (2005). Reliability and validity of brief measures of oral health-related knowledge, fatalism, and self-efficacy in mothers of African American Children. *Pediatric Dentistry, 27*, 422-428.

Finn, J., & Jacobson, M. (2003). Just practice: *A social justice approach to social work. Reosta*, IA: Eddie Bowers Publishing, Inc.

Freire, P. (1970). *Pedagogy of the oppressed*. New York: Continuum. (パウロ・フレイレ/三砂ちづる（訳）(2018)『被抑圧者の教育学』亜紀書房)

Freligh, R. (2006). Sound Societies. *Leaders & Best*. Spring 2006.

Fukuyama, M. A. (1990). Taking a universal approach to multicultural counseling. *Counselor Education and Supervision, 30*, 6-25.

Gant, Larry (September 15, 2008) Personal Communication. Professor, School of Social Work, University of Michigan.

Gittelsohn, J., Steckler, A., Johnson, C., Pratt, C., Grieser, M., Picknel, J., Stone, E., Conway, T., Coombs, D., & Staten, L. (2006). Formative research in school and community-based health programs and studies: "State of the art" and the TAAG approach. *Health Education and Behavior, 33*, 25-39.

Good Tracks, J. G. (1973). Native American non-interference. *Social Work, 18*, 30-35.

Goodhart, F. W., Hsu, J., Baek, J. H., Coleman, A. L., Maresca, F. M., & Miller, M. B. (2006). A view through different lens: Photovoice as a tool for student advocacy. *Journal of American College Health, 55*, 53-56.

Gray, M., Yellow Bird, M., & Coates, J. (2008). Towards an understanding of indigenous social work. In M. Gray, J. Coates, & M. Yellow Bird (Eds.), *Indigenous social work around the world: Towards culturally relevant education and practice* (pp. 49-58). Burlington, VT: Ashgate.

Green, L. W., George, A., Daniel, M., Frankish, C. J., Herbert, C. P., Bowie, W. R., et al. (1995). *Study of participatory research in health promotion: Review and recommendations for the development of participatory research in health promotion in Canada.* Ottawa, Ontario, Canada: Royal Society of Canada.

Green, L. W., & Kreuter, M. W. (2005). *Health program planning: An educational and ecological approach.* New York: McGraw-Hill. (ローレンス・W・グリーン，マーシャル・W・クロイター／神馬征峰（訳）(2005)『実践ヘルスプロモーション：Precede-proceed モデルによる企画と評価』医学書院)

Grossman, Z., & McNutt, D. (2001). From enemies to allies: Native Americans and Whites join forces in Wisconsin. *Color Lines, Spring*, 22-25.

Guthrie, G. W., & Lonner, W. J. (1986). Assessment of personality and psychopathology. In W. J. Lonner & J. W. Berry (Eds.), *Field methods in cross cultural research: Vol. 8. Cross cultural research and methodology series* (pp. 231-264). Beverly Hills, CA: Sage Publications.

Halfon, N., & Hochstein, M. (2002). Life course health development: An integrated framework for developing health, policy, and research. *The Milbank Quarterly, 80*, 433-479.

Hall, B., Gillete, A., & Tandon, R. (Eds.). (1982). *Creating knowledge: A monopoly?* Toronto, Ontario, Canada: International Council for Adult Education.

Hammersley, M., & Atkinson, P. (1996). *Ethnography: Principles in practice.* New York: Tavistock.

Harkness, J. A., Van de Vijver, F. J. R., & Mohler, P. Ph. (2003). *Cross-cultural survey methods.* Hoboken, NJ: Wiley.

Hawkins, J. D., Catalano, R. F., & Miller, J. Y. (1992). Risk and protective factors for alcohol and other drug problems in adolescence and early adulthood: Implications for substance abuse prevention. *Psychological Bulletin, 112*, 64-105.

Headland, T. N., Pike, K. L., & Harris, M. (Eds.). (1990). *Emics and etics: The insider/outsider debate*. Newbury Park, CA: Sage Publications.

Henle, W., & Henle, G. (1982). Epstein-Barr virus and infectious mononucleosis. In R. Glaser & T. Gottleib-Stematsky (Eds.), *Human herpes virus infections: Clinical aspects*. New York: Marcel Dekker.

Herbert, T., & Cohen, S. (1993). Stress and immunity in humans: A metaanalytic review. *Psychosomatic Medicine, 55*, 364-379.

Hick, S. (1997). Participatory research: An approach for structural social workers. *Journal of Progressive Human Services, 8*(2), 63-78.

Hodge, F. S., Fredericks, L., & Rodriguez, B. (1996). American Indian women's Talking Circles: A cervical cancer screening and prevention program. *Cancer, 78*(7), 1592-1597.

Horner, P., Sanchez, N., Castillo, M., & Delva, J. (2008, October). *Neighborhoods and drug use outcomes for Latin American youths*. Poster session presented at the Annual Meeting of the National Hispanic Science Network (NHSN) on Drug Abuse, Washington, DC.

Horner, P., Sanchez, N., Castillo, M., & Delva, J. (2012). Parental perceptions of neighborhood effects in Latino comunas. *Substance Use & Misuse, 47*, 809-820.

Indian Gaming Regulatory Act, 25 U.S.C Sec. 2702 (1) (1988).

Israel, B. A., Krieger, J., Vlahov, D., Ciske, S., Foley, M., Fortin, P., et al. (2006). Challenges and facilitating factors in sustaining community based participatory research partnerships: Lessons learned from the Detroit, New York City and Seattle urban research centers. *Journal of Urban Health: Bulletin of the New York Academy of Medicine, 83*(6), 1022-1040.

Israel, B. A., Schulz, A. J., Parker, E. A., & Becker, A. B. (1998). Review of community-based research: Assessing partnership approaches to improve public health. *Annual Review of Public Health, 19*, 173-202.

Jacobson, M., & Rugele, C. (2007). Community-based participatory research: Group work for social justice and community change. *Social Work with Groups, 30*(4), 21-39.

Jensen-DeHart, D. (1999, July 15). Casino helps poor tribe: Remote site supports reservation people. *Beloit Daily News*, 1-2.

Jezewski, M. A. (1990). Culture brokering in migrant farm worker health care. *Western Journal of Nursing Research, 12*(4), 497-513.

Jezewski, M. A., & Sotnik, P. (2001). *Culture brokering: Providing culturally competent rehabilitation services to foreign-born persons*. Retrieved October 5, 2008, from http://cirrie.buffalo.edu/monographs/cb.pdf

Joe, J. R. (1989). Values. In E. Gonzalez-Santin (Ed.), *Defining entry level competencies for public child welfare workers serving Indian communities* (pp. 15-27). Tempe, AZ: O'Neil.

Johnson, B., & Christensen, L. (2004). *Educational research: Quantitative, qualitative, and mixed approaches*. Boston: Allyn & Bacon.

Johnston, L. D., O'Malley, P. M., Bachman, J. G., & Schulenberg, J. E. (2008). *Monitoring the future national survey results on drug use, 1975-2007. Volume I: Secondary school students* (NIH Publication No. 08-6418A), Bethesda, MD: National Institute on Drug Abuse.

Kennedy, S. (1996). Herpes virus infections and psychoneuroimmunology. In H. Friedman, T. Klein, & A. L. Friedman (Eds.), *Psychoneuroimmunology, stress, and infection* (pp. 231-242). New York: CRC Press.

Kim, K. H., Linnan, S., Campbell, M. K., Brooks, C., Koenig, H. G., & Wiesen, C. (2008). The WORD (Wholeness, Oneness, Righteousness, Deliverance): A faith based weight-loss program utilizing a community-based participatory research approach. *Health Education and Behavior, 35*, 634-650.

Kish, L. (1965). *Survey sampling*. New York: John Wiley & Sons, Inc.

Koenig, H. G., Larson, D. B., & McCullough, M. E. (2001). *Handbook of religion and health*. New York: Oxford University Press.

Krieger, N. (2001). Theories for social epidemiology in the 21st century: An ecosocial perspective. *International Journal of Epidemiology, 30*, 668-677.

Krippendorff, K. (2004). *Content analysis: An introduction to its methodology* (2nd ed.). Thousand Oaks, CA: Sage Publications.（クラウス・クリッペンドルフ／三上俊治・椎野信雄・橋元良明（訳）(1989)『メッセージ分析の技法：「内容分析」への招待』勁草書房）

Krueger, R., & Casey, M. A. (2000). *Focus groups: A practical guide for applied research* (3rd ed.). Thousand Oaks, CA: Sage.

Kuh, D., & Ben-Schlomo, Y. (Eds.). (1997). *A life course approach to chronic disease epidemiology*. Oxford, England: Oxford University Press.

Lewin, K. (1946). Action research and minority problems. In G. W. Lewin (Ed.), *Resolving Social Conflicts* (pp. 201-216). New York: Harper & Row Publishers.

Love, A., & Muggah, B. (2005). Using democratic evaluation principles to foster citizen engagement and strengthen neighborhoods. *The Evaluation Exhange, 11*(3), 14-15.

Macaulay, A. C., Commanda, L. E., Freeman, W. L., Gibson, N., McCave, M. L., Robbins, C. M., & Twohig, P. L. (1998, November). *Responsible research with communities: Participatory research in primary care*. Policy statement presented at the NAPCRG Annual Membership Meeting, Montreal, Canada.

Maddux, J. E. (1995). *Self-efficacy, adaptation, and adjustment*. Theory, research, and application. New York: Plenum.

Garcia, F. M. (2000). Refereed research department: Warriors in education; persistence among American Indian doctoral recipients. *Tribal College Journal of American Indian Higher Education, 11*(2), 28.

Matsumoto, D. (1994). *Cultural influences on research methods and statistics*. Pacific Grove, CA: Brooks/Cole.

Maurrasse, D. J. (2001). *Beyond the campus: How colleges and universities form partnerships with their communities*. New York: Routledge.

Mehta, P. D., & West, G. (2000). Putting the individual back into individual growth curves. *Psychological Methods, 5*, 23-43.

Meredith, W., & Tisak, J. (1990). Latent curve analysis. *Psychometrika, 55*, 107-122.

Miller, W. R. (1983). Motivational interviewing with problem drinkers. *Behavioural Psychotherapy, 1*, 147-172.

Miller, P. (September 17, 2008) Personal Communication. School of Social Work, University of Michigan.

Minkler, M., & Wallenstein, N. (2003). *Community-based participatory research for health*. San Francisco: John Wiley & Sons.

Mohatt, G. V., Hazel, K. L., Allen, J., Stachelrodt, M., Hensel, C., & Fath, R. (2004). Unheard Alaska: Culturally anchored participatory action research on sobriety with Alaska Natives. *American Journal of Community Psychology, 33*(3/4), 263-273.

Molloy, J. K. (2007). Photovoice as a tool for social justice workers. *Journal of*

Progressive Human Services, 18, 39-55.

Momper, S. L., Delva, J., Reed, B. G. (2011). OxyContin abuse on a reservation: Qualitative reports by American Indians in Talking Circles. *Substance Use & Misuse.*

Momper, S. L., & Jackson, A. P. (2007). Maternal gambling, parenting, and child behavioral functioning in Native American families. *Social Work Research, 31*(4), 199-208.

Momper, S. L., & Nordberg, A. E. (2008, December). *Community collaborative research: students and residents as data collectors in a Detroit neighborhood health study*. Poster presented at the NIH Summit: The Science of Eliminating Health Disparities, Washington, DC.

Montejo, V. (1994). Oral tradition: Ancient words; oral tradition and the indigenous people of the Americas. *Native Americas, Fall/Winter*, 139.

Montero, M. (1994). Consciousness raising, conversion, and de-ideologization in community psychosocial work. *Journal of Community Psychology, 22*(1), 3-11.

Morgan, D. L. (2006). *Focus groups as qualitative research* (2nd ed.). Thousand Oaks, CA: Sage Publications.

Morgan, D. L., Fellows, C., & Guevara, H. (2008). Emergent approaches to focus group research. In S. Hesse-Biber & P. Leavy, (Eds.), *Handbook of emergent methods* (pp. 189-207). New York City: Guilford Press.

Muthén, B. (2001). Second-generation structural equation modeling with a combination of categorical and continuous latent variables: New opportunities for latent class/latent growth modeling. In L. M. Collins & A. Sayer (Eds.), *New methods for the analysis of change* (pp. 291-322). Washington, DC: American Psychological Association.

Muthén, B., & Muthén, L. (2000). Integrating person-centered and variable-centered analysis: Growth mixture modeling with latent trajectory classes. *Alcoholism: Clinical and Experimental Research, 24*, 882-891.

Napoli, M. (1999). The non-Indian therapist working with the American Indian client: Transference and counter transference issues. *Psychoanalytic Social Work, 6*(1), 25-47.

National Survey of Student Engagement. (2008). Indiana University Center for Postsecondary Research. Bloomington, IN.

Newcomb, M. D., Maddahian, E., & Bentler, P. M. (1986). Risk factors for drug use among adolescents: Concurrent and longitudinal analyses. *American Journal of Public Health, 76,* 525-531.

Orlandi, M. A., Weston, R., & Epstein, L. G. (Eds.). (1992). *Cultural competence for evaluators: A guide for alcohol and other drug abuse prevention practitioners working with ethnic/racial communities.* Rockville, MD: U. S. Department of Health and Human Services.

Pena, J. M., & Koss-Chioino, J. D. (1992). Cultural sensitivity in drug treatment research with African American males. In J. Trimble, C. S. Bolek, & S. J. Niemcryk (Eds.), *Ethnic and multicultural drug abuse: Perspectives on current research* (pp. 157-179). New York: The Haworth Press.

Pike, K. L. (1967). *Language in relation to a unified theory of the structure of human behavior* (2nd ed.). Berlin, Germany: Mouton De Gruyter.

Pinderhughes, E. (1989). Understanding race, ethnicity, and power: The key to efficacy in clinical practice. *Social Work, 39,* 314-323.

Prochaska, J. O., & DiClemente, C. C. (1983). Stages and processes of self-change of smoking: Toward an integrative model of change. *Journal of Consulting and Clinical Psychology, 51,* 390-395.

Raudenbush, S., Bryk, A., Cheong, Y. F., & Congdon, R. (2004). *HLM 6: Hierarchical linear and nonlinear modeling.* Lincolnwood, IL: Scientific Software International, Inc.

Red Horse, J. G. (1980). Family structure and value orientation in American Indians. *Social Work, 61,* 462-467.

Reise, S. P., Widaman, K. F., & Pugh, R. H. (1993). Confirmatory factor analysis and item response theory: Two approaches for exploring measurement invariance. *Psychological Bulletin, 114,* 552-566.

Resnicow, K., Braithwaite, R., Ahluwalia, J., & Baranowski, T. (1999). Cultural sensitivity in public health: Defined and demystified. *Ethnicity and Disease, 9*(1), 10-21.

Reynolds, W. M. (1982). Development of reliable and valid short forms of the Marlowe-Crowne Social Desirability Scale. *Journal of Clinical Psychology, 38,* 119-125.

Richards, L. (1999). Data alive! The thinking behind NVivo. *Qualitative Health Research, 9*(3), 88-93.

Rogler, L. H. (1989). The meaning of culturally sensitive research in mental health. *The American Journal of Psychiatry, 146*(3), 296-303.

Rollnick, S., & Miller, W. R. (1995). What is motivational interviewing? *Behavioural and Cognitive Psychotherapy, 23*, 325-334.

Rothman, J., & Epstein, I. I. (1977). Social planning and community organization: Social science foundations. In *Encyclopedia of social work* (17th ed., pp. 1433-1443). Washington, DC: National Association of Social Workers.

Sanchez, N., Delva, J., & Castillo, M. (2007, November). *Neighborhood characteristics and substance use among families: Differences between residents living on main streets and in passageways in Santiago, Chile.* Poster presented at Second Annual Global Health Symposium and Poster Session, Ann Arbor, Michigan.

Shanks, Trina. (September 11, 2008). Personal communication. Assistant Professor, School of Social Work, University of Michigan.

Shields, S. A. (2008). Gender: An intersectionality perspective. *Sex Roles, 59*, 301-311.

Shulman, L. (2006). *The Skills of helping individuals, families, groups, and communities* (5th ed., pp. 269-278). Belmont, CA: Thomson Brooks/Cole.

Siefert, K., Finlayson, T. L., Williams, D. R., Delva, J., & Ismail, A. I. (2007). Modifiable risk and protective factors for depressive symptoms in low-income African American mothers. *American Journal of Orthopsychiatry, 77*, 113-123.

Stata Corporation. (2008). Stata 10 data analysis and statistical software. College Station, Texas: Author.

Steinman, K. J., & Zimmerman, M. A. (2004). Religious activity and risk behavior among African American adolescents: Concurrent developmental effects. *American Journal of Community Psychology, 33*, 151-161.

Storr, C. L., Chen, C-Y., & Anthony, J. C. (2004). "Unequal opportunity": Neighborhood disadvantage and the chance to buy illegal drugs. *Journal of Epidemiology and Community Health, 58*, 231-237.

Strack, R. W., Magill, C., & McDonagh, K. (2004). Engaging youth through Photovoice. *Health Promotion Practice, 5*, 49-58.

Strickland, J. C. (1999). Conducting focus groups cross-culturally: Experiences with Pacific Northwest Indian people. *Public Health Nursing, 16*(3), 190-197.

Stubben, J. D. (2001). Working with and conducting research among American Indian families. *American Behavioral Scientist, 4*, 1466-1481.

Swisher, K. (1996). Why Indian people should be the ones to write about

Indian education. *The American Indian Quarterly, 20*(1), 83-90.

Tashakkori, A., & Teddlie, C. (2003). *Handbook of mixed methods in social and behavioral research*. Thousand Oaks, CA: Sage.

Tinkler, B. E., (2004). *Establishing a conceptual model of community-based research through contrasting case studies*. Retrieved October 8, 2008, from http://comm-org.wisc.edu/papers.htm

Triandis, H., Lambert, W., Berry, J., Lonner, W., Heron, A., Brislin, R., & Draguns, J. (Eds.). (1980). *Handbook of cross-cultural psychology*: Vols. 1-6. Boston: Allyn & Bacon.

United Nations Office on Drugs and Crime (UNODC) and the Inter-American Drug Abuse Control Commission (OAS/CICAD). (2006). *Youth and drugs in South American Countries: A public policy challenge: First comparative study of drug use in the secondary school student population in Argentina, Bolivia, Brazil, Colombia, Chile, Ecuador, Paraguay, Peru and Uruguay.* Retrieved January 10, 2009, from http://www.cicad.oas.org/oid/default.asp

United Native America. (n.d.). *American Indian Holocaust*. Retrieved October 13, 2009, from http://www.unitednativeamerica.com/aiholocaust.html.

Volberg, R. A., & Abbott, M. A. (1997). Ethnicity and gambling: Gambling and problem gambling among indigenous peoples. *Substance Use and Misuse, 32*(11), 1525-1538.

Wang, C., & Burris, M. A. (1997). Photovoice: Concept, methodology, and use for participatory needs assessment. *Health Education and Behavior, 24*, 369-387.

Wang, C., & Burris, M. A. (2007). *Photovoice: Concept, methodology, and use for participatory needs assessment*. Abstract retrieved September 14, 2008, from http://www.ncbi.nlm.nih.gov/pubmed/9158980?dopt=Abstract

Wang, C., Morrel-Samuels, S., Hutchison, P. M., Bell, L., & Pestronk, R. M. (2004). Flint Photovoice: Community building among youths, adults, and policymakers. *American Journal of Public Health, 94*, 911-913.

Watson, D., Clark, L. A., & Tellegen, A. (1988). Development and validation of brief measures of positive and negative affect: The PANAS scales. *Journal of Personality and Social Psychology, 54*, 1063-1070.

Werner, E. E., & Smith, R. S. (2001). *Journeys from childhood to midlife*. Ithaca, NY: Cornell University Press.

Wetherington, C. L., Smeriglio, V. L., & Finnegan, L. P. (1996). Behavioral studies of drug-exposed offspring: Methodological issues in human and animal research (NIH Publication No. 96-4105). Rockville, MD: U. S. Department of Health and Human Services.

Willet, J. B., & Sayer, A. G. (1994). Using covariance structure analysis to detect correlations and predictors of individual change over time. *Psychological Bulletin, 116*, 363-381.

Wilson, N., Dasho, S., Martin, A. C., Wallerstein, N., Wang, C. C., & Minkler, M. (2007). Engaging young adolescents in social action through photovoice: The Youth Empowerment Strategies (YES!) project. *The Journal of Early Adolescence, 27*(2), 241-261.

Zajacova, A., Dowd, J. B., Aiello, A. E. (2009). Socioeconomic and Racial/Ethnic Patterns in Persistent Infection Burden among U. S. adults. *The Journals of Gerontology: Biological Sciences and Medical Sciences, 64*, 272-279.

Ziedens, K., & McGee, K. (2006). *Planning phase I: Community goal and strategy areas.* University of Michigan, School of Social Work, Technical Assistance Center. Unpublished report.

Ziedens, K., & McGee, K. (2007). *Multi-level technical assistance strategy.* University of Michigan, School of Social Work, Technical Assistance Center. Unpublished report.

Zucker, R., Boyd, G., & Howard, J. (1994). *The development of alcohol problems: Exploring the biopsychosocial matrix of risk* (NIH Publication No. 94-3495). Rockville, MD: U. S. Department of Health and Human Services.

索　引

訳者紹介

森木 美恵（もりき　よしえ）
国際基督教大学上級准教授。1974 年，広島県生まれ。1997 年 3 月，東京女子大学現代
文化学部地域文化学科卒業。1999 年にペンシルバニア州立大学で修士号（人類学＆人
口学）取得の後，2007 年に同大学で博士号（人類学＆人口学，Ph. D.）取得。日本大学
人口研究所を経て，2009 年 4 月より国際基督教大学准教授。2016 年 4 月から現職。人
口人類学が専門。出生率などの人口動態と人びとの価値観の相互作用を研究テーマにタ
イ，ラオス，日本をフィールドとする。

米田 亮太（よねだ　りょうた）
共同通信社編集局文化部記者。1987 年，三重県生まれ。2012 年 3 月，国際基督教大学
教養学部社会科学科卒業。2014 年 3 月，京都大学大学院アジア・アフリカ地域研究研
究科アフリカ地域研究専攻修士号取得退学。同年 4 月に共同通信社入社。仙台支社，山
形支局，宮崎支局を経て，2020 年 7 月から現職。

著者紹介

ジョルジ・デルヴァ（Jorge Delva）
ボストン大学ソーシャルワーク学部長。ソーシャルワークと健康のイノベーションセンター（Center for Innovation in Social Work & Health）所長でポール・ファーマー教授。

ポーラ・アレン・ミアーズ（Paula Allen-Meares）
元イリノイ大学学長（2009〜2015）。

サンドラ・L. モンパー（Sandra L. Momper）
ミシガン大学ソーシャルワーク学部准教授。

 ソーシャルワーク研究のためのポケットガイド
文化横断調査

初版第 1 刷発行　2022 年 11 月 1 日

　　　著　者　ジョルジ・デルヴァ
　　　　　　　ポーラ・アレン・ミアーズ
　　　　　　　サンドラ・L. モンパー
　　　訳　者　森木美恵
　　　　　　　米田亮太
　　　発行者　塩浦　暲
　　　発行所　株式会社　新曜社
　　　　　　　〒101-0051　東京都千代田区神田神保町 3-9
　　　　　　　電話（03）3264-4973・FAX（03）3239-2958
　　　　　　　e-mail：info@shin-yo-sha.co.jp
　　　　　　　URL：https://www.shin-yo-sha.co.jp/
　　　印　刷　メデューム
　　　製　本　積信堂

論文を書く・投稿する
——ソーシャルワーク研究のためのポケットガイド

B・A・ティアー 著
舟木紳介・木村真希子・
塩原良和 訳

四六判128頁
本体1600円

ワードマップ 社会福祉調査
——企画・実施の基礎知識とコツ

斎藤嘉孝 著

四六判248頁
本体2200円

ワードマップ 学校臨床社会学
——教育問題の解明と解決のために

今津孝次郎 著

四六判272頁
本体2500円

ワードマップ 防災・減災の人間科学
——いのちを支える・現場に寄り添う

矢守克也・渥美公秀 編著
近藤誠司・宮本 匠 著

四六判288頁
本体2400円

ワードマップ フィールドワーク 増訂版
——書を持って街へ出よう

佐藤郁哉 著

四六判320頁
本体2200円

コミュニティ臨床への招待
——つながりの中での心理臨床

下川昭夫 編

A5判332頁
本体3400円

（表示価格は税を含みません）

———— 新曜社 ————